PROVAS DEPENDENTES DA MEMÓRIA

TÉCNICAS DE DEPOIMENTO E RECONHECIMENTO DE PESSOAS À LUZ DA PSICOLOGIA DO TESTEMUNHO

CARLOS EDUARDO RANGEL

PROVAS DEPENDENTES DA MEMÓRIA

TÉCNICAS DE DEPOIMENTO E RECONHECIMENTO DE PESSOAS À LUZ DA PSICOLOGIA DO TESTEMUNHO

Copyright © 2025 by Carlos Eduardo Rangel

Todos os direitos reservados e protegidos pela Lei 9.610, de 19.2.1998. É proibida a reprodução total ou parcial, por quaisquer meios, bem como a produção de apostilas, sem autorização prévia, por escrito, da Editora. Direitos exclusivos da edição e distribuição em língua portuguesa:

Maria Augusta Delgado Livraria, Distribuidora e Editora

Direção Editorial: Isaac D. Abulafia
Gerência Editorial: Marisol Soto
Copidesque: Tatiana Paiva
Revisão: Doralice Daiana da Silva
Diagramação e Capa: Madalena Araújo

Dados Internacionais de Catalogação na Publicação (CIP) de acordo com ISBD

R196p	Rangel, Carlos Eduardo
	Provas dependentes da memória: técnicas de depoimento e reconhecimento de pessoas à luz da psicologia do testemunho / Carlos Eduardo Rangel. - Rio de Janeiro, RJ : Freitas Bastos, 2025.
	164 p. : 15,5cm x 23cm.
	ISBN: 978-65-5675-458-1
	1. Psicologia. 2. Direito. I. Título.
2024-4384	CDD 150
	CDU 159.9

Elaborado por Vagner Rodolfo da Silva - CRB-8/9410

Índice para catálogo sistemático:
1. Psicologia 150
2. Psicologia 159.9

Freitas Bastos Editora

atendimento@freitasbastos.com
www.freitasbastos.com

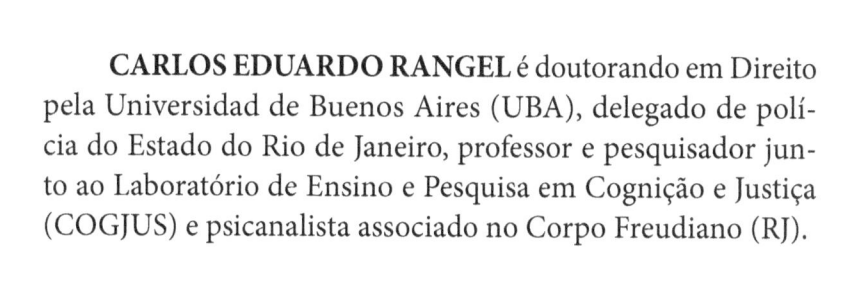

CARLOS EDUARDO RANGEL é doutorando em Direito pela Universidad de Buenos Aires (UBA), delegado de polícia do Estado do Rio de Janeiro, professor e pesquisador junto ao Laboratório de Ensino e Pesquisa em Cognição e Justiça (COGJUS) e psicanalista associado no Corpo Freudiano (RJ).

Aos meus pais (Di e Gi), eternos faróis que iluminam a trajetória da minha vida.

À minha esposa (Babi) e filhas (Juju e Bia), fontes de inspiração para meus sonhos e conquistas.

Aos mestres Lilian Milnitsky Stein e Willian Weber Cecconello, por trazerem a luz da ciência ao sistema de justiça criminal.

Aos pesquisadores e amigos do Cogjus, parceiros na defesa intransigente dos direitos humanos.

E a todos os policiais civis, que diariamente se lançam na direção do perigo para proteger a sociedade.

SUMÁRIO

14 CAPÍTULO 1
PROVAS DEPENDENTES DA MEMÓRIA:
(RE)VISITANDO O LOCUS DO TESTEMUNHO E DO
RECONHECIMENTO PESSOAL NA PERSECUÇÃO CRIMINAL

28 CAPÍTULO 2
PROVAS DEPENDENTES DA MEMÓRIA:
O FUNCIONAMENTO DA MEMÓRIA HUMANA E SUA
REPERCUSSÃO NO PROCESSO PENAL

72 CAPÍTULO 3
PROVAS DEPENDENTES DA MEMÓRIA:
DIÁLOGO DE FONTES E CONSTRUÇÃO METODOLÓGICA

154 REFERÊNCIAS

PREFÁCIO

A memória humana é um processo cognitivo complexo, especialmente no contexto da justiça penal, em que a precisão das lembranças pode determinar o curso de uma investigação ou o resultado de um julgamento. Entretanto existem inúmeros exemplos de erros de justiça decorrentes de provas dependentes da memória, como em casos de indivíduos inocentes que foram erroneamente identificados e condenados por crimes que não cometeram, revelando falhas significativas nos processos de coleta e interpretação de testemunhos. Sendo uma fonte de erros e distorções, a confiabilidade das memórias tem sido uma questão central na ciência e prática do sistema de justiça e segurança pública. Como podemos, então, confiar no que as testemunhas lembram?

Décadas de pesquisa científica e a análise de casos judiciais ao redor do mundo contribuíram para um entendimento mais aprofundado das condições sob as quais as falsas memórias são formadas ou um indivíduo é equivocadamente reconhecido. Tais estudos mostram quais procedimentos aumentam o risco de erros, desde as perguntas formuladas e os julgamentos errôneos para tentar analisar a linguagem corporal, e até mesmo a maneira como uma pessoa é apresentada para o reconhecimento. Esse corpo robusto de evidências científicas demonstra que é imperativo não descartar apressadamente as provas que dependem da memória.

Enquanto alguns procedimentos são falhos, a pesquisa também identificou técnicas que provavelmente coletam informações precisas de vítimas, testemunhas e suspeitos. Essas técnicas são embasadas pela Psicologia do Testemunho, um campo que tem sido fundamental na coleta e avaliação de provas baseadas na memória. Estudos replicados em diferentes culturas e países, incluindo o Brasil, confirmam sua relevância.

No entanto, a disseminação da Psicologia do Testemunho enfrenta dois grandes desafios. Primeiramente, a maior parte da literatura relevante está em inglês, o que restringe o acesso a esse valioso conhecimento. Além disso, a falta de contextualização para o cenário brasileiro torna escassos os exemplos diretamente aplicáveis ao nosso contexto jurídico e investigativo.

Esse cenário ressalta a importância deste livro. A obra de Carlos Rangel, um delegado e pesquisador que combina ciência e prática de maneira exemplar, não apenas compila um corpo consolidado de conhecimento, como também as contextualiza no cenário brasileiro. Conheci o trabalho de Carlos na Academia de Polícia do Rio de Janeiro, onde sua dedicação à excelência e ao aprimoramento dos policiais sob sua liderança era evidente. É gratificante ver que seu esforço em compartilhar conhecimento agora se materializa neste livro, que, embora acessível, consegue abordar a complexidade da Psicologia do Testemunho e suas implicações práticas de forma competente.

Este livro transcende a simples compilação de estudos; ele se configura como um convite à reflexão e ao diálogo crítico sobre a influência decisiva da memória em procedimentos judiciais e investigativos. Integrando conhecimentos de diferentes áreas, a Psicologia do Testemunho oferece *insights* preciosos para aprimorar o manejo de provas dependentes da memória. Os profissionais do sistema de justiça e segurança pública encontrarão nesta obra as ferramentas necessárias para navegar com maior precisão e cautela pelas nuances da memória humana. As páginas deste livro provêm fundamentação científica robusta que convida juízes, advogados, estudantes e pesquisadores a questionar, explorar e implementar práticas apropriadas, visando ampliar a integridade e a eficácia do sistema legal.

Considerando que a estrutura do cérebro humano permanece a mesma desde o início de nossa existência, é ingênuo esperar que nosso sistema nervoso se adapte plenamente às exigências do direito. Portanto, torna-se essencial que as práticas dos profissionais jurídicos se alinhem às capacidades e limitações de nossos processos cognitivos, em especial a memória. Nesse contexto, a abordagem interdisciplinar deste livro ressalta a importância de um diálogo contínuo, que deve orientar tanto as práticas quanto as teorias, com o objetivo de desenvolver um sistema de justiça mais eficiente e justo.

WILLIAM WEBER CECCONELLO
Doutor em Psicologia Cognitiva (PUC-RS)
Psicólogo Forense
Coordenador do Laboratório de Ensino e Pesquisa em Cognição e Justiça (CogJus)
Professor de Psicologia (Atitus)

CAPÍTULO 1

PROVAS DEPENDENTES DA MEMÓRIA: (RE)VISITANDO O LOCUS DO TESTEMUNHO E DO RECONHECIMENTO PESSOAL NA PERSECUÇÃO CRIMINAL

1.1 Admissibilidade e meios de produção

Quando se fala em provas dependentes da memória, estamos tratando especificamente de uma cadeia de processos cognitivos que interligam a memória humana a um evento criminoso. Trata-se, portanto, de perquirir como ocorre essa associação entre um conjunto de lembranças, vivências e sensações humanas acerca de pessoas, objetos e de um determinado local ou ambiente que integram o cenário de um caso penal.

Inicialmente, ao tratar da especificidade das provas dependentes da memória e sua relevância no âmbito do Direito Probatório, torna-se imperioso revisitar o seu verdadeiro *locus* no campo processual penal, em especial no que toca à etapa de investigação criminal.

Para dimensionar a importância desse trajeto, são cruciais os dados revelados na pesquisa realizada por Stein e Ávila[1], em que foram questionados diversos atores processuais, entre eles magistrados, promotores de justiça, defensores públicos, delegados de polícia, advogados e policiais civis e militares, acerca da

---

1 Avanços científicos em Psicologia do Testemunho aplicados ao Reconhecimento Pessoal e aos Depoimentos Forenses. Ministério da Justiça, Secretaria de Assuntos Legislativos. Brasília: Ministério da Justiça, Secretaria de Assuntos Legislativos (SAL); Ipea, 2015.

relevância das provas dependentes da memória: o testemunho e o reconhecimento de pessoas.

No que se refere à relevância do reconhecimento de pessoas para a persecução criminal, 100% dos entrevistados consideraram esse meio probatório como prova inequívoca, fundamental e decisiva para a solução do processo. A seu turno, no que tange ao testemunho, 86,1% dos entrevistados indicaram-na como sendo a principal prova do processo penal.

Tal cenário evidencia, portanto, que as provas dependentes da memória, na percepção dos principais operadores do sistema de justiça criminal, ostentam, sem sombra de dúvidas, o *status* de meio de produção probatória com maior relevância e amplitude no curso da persecução criminal.

Dessa forma, a constatação de que o reconhecimento de pessoas e o testemunho constituem os principais elementos probatórios no âmbito do processo penal deságua em inevitável conclusão: a memória humana constitui um fator determinante no deslinde dos processos criminais.

Não obstante os progressos alcançados pela Psicologia do Testemunho, sobretudo nas últimas três décadas, com estudos e avanços cientificamente impactantes no tratamento adequado às provas dependentes da memória, o diálogo entre esse ramo da ciência e o processo penal ainda se revela bem tímido.

Sendo assim, o conhecimento científico originário da Psicologia do Testemunho, na contramão de diversos outros países, ainda não é contemplado de forma adequada pela legislação processual penal.

O estado das coisas atual resulta em um cenário extremamente contraditório (e não menos nefasto), no qual, de um lado, os principais atores jurídicos consideram as provas dependentes da memória (reconhecimento de pessoas e testemunho) essenciais para a conclusão do caso penal, e, de outro, o tratamento jurídico a elas conferido apresenta-se de forma atécnica, heterogênea e despida de qualquer embasamento científico sólido.

Nesse campo, cumpre analisar a admissibilidade e meios de produção nos termos da legislação processual penal brasileira vigente, confrontando-os com os progressos trazidos pela Psicologia do Testemunho e do direito comparado.

Ao longo da história da humanidade, desde os mais remotos modelos processuais penais, as provas dependentes da memória, em especial o testemunho, já representaram diversos *standards* de prova.

Segundo Gorphe[2]:

> Los testigos, decía Bentham, son los ojos y los oídos de la justicia (33, tomo II, p. 93). Desde que existen los hombres y desde que tienen la pretensión de hacer justicia se han valido del testimonio como del más fácil y más común de los medios de prueba. Su importancia en materia penal es considerable; frecuentemente es la única base de las acusaciones.

Desse modo, algumas civilizações ainda vivenciaram um momento em que o valor atribuído ao testemunho de uma pessoa de reconhecida moral social era decisivo na comprovação de um caso penal. Por outro lado, no apogeu do modelo processual inquisitorial, a confissão era tarifada como elemento probatório incontestável, com base na lógica da *confessio est regina probationum*. Conforme leciona González Bustamante[3], esse modelo foi adotado em uma época sombria do processo penal, quando a

---
2 GORPHE, François. *La crítica del testimonio*. 2ª ed. Trad. Mariano Ruiz-Funes. Madrid: Instituto Editorial Reus, 1949.
3 GONZÁLEZ BUSTAMANTE, Juan José. *Principios de Derecho Procesal Penal Mexicano*. México: Editora Porrúa, 1971.

humanidade, mergulhada nas trevas da ignorância, utilizava-se da tortura como principal meio de obtenção desse tipo de prova.

No modelo atual, o Código de Processo Penal, em seu Título II, trata especificamente do Direito Probatório. No que diz respeito às provas dependentes da memória, esta previsão legal encontra-se distribuída ao longo dos capítulos III a VII, nos quais, do artigo 185 ao 228, são encontrados regramentos afetos ao tratamento procedimental do acusado, da confissão, do ofendido, das testemunhas e do reconhecimento de pessoas e objetos.

Não se pretende aqui realizar uma digressão pontual acerca de cada um desses mecanismos processuais, mas sim analisá-los de forma conjuntural, a fim de dimensionar o seu tratamento processual atual, em confronto com os avanços da Psicologia do Testemunho.

Partindo desse ponto, verifica-se que a legislação processual sequer realiza uma bipartição entre as etapas de admissibilidade, produção e valoração da prova, inclusive com a utilização de critérios dúbios que implicam atecnia processual penal.

No campo da admissibilidade das provas dependentes da memória, a legislação processual penal não estipula nenhum óbice sob perspectiva objetiva, como, por exemplo, a vedação de testemunho desvinculado ao mérito do caso penal, ou mesmo, a vedação de um testemunho redundante ou meramente protelatório.

Por outro lado, preocupa-se tão somente com aspectos subjetivos ligados ao vínculo de parentesco e afinidade das partes, como, por exemplo, a hipótese de testemunhas com a faculdade de eximir-se da obrigação de prestar depoimento, na esteira do artigo 206 do Código de Processo Penal. Ou, ainda, da vedação de testemunhas que, por motivos funcionais ou profissionais, tem o dever de guardar segredo em relação a determinados fatos ou personagens do caso penal.

A seu turno, ao tratar dos meios de produção, percebe-se que o legislador processual penal atua de forma totalmente dispersa, utilizando-se de comandos genéricos e desprovido de qualquer embasamento científico para garantir a idoneidade da coleta desses elementos de prova.

Ao revés disso (e para piorar), estrutura toda sua produção probatória em premissas ilusórias e pueris, tendo como base uma suposta "garantia" da veracidade da produção da prova a partir de um compromisso de falar a verdade, seguido de advertência quanto ao eventual cometimento de crime de falso testemunho.

Dessa forma, torna-se imperioso destacar a omissão da legislação processual penal vigente em cinco pontos cruciais no campo da produção das provas dependentes da memória: 1) a ausência de mecanismos de preservação e não contaminação da testemunha; 2) o descaso quanto à influência do fator tempo no intervalo de retenção da memória; 3) o desconhecimento em relação ao funcionamento da memória humana; 4) a inexistência de uma metodologia apropriada para coleta probatória; e 5) a suscetibilidade de um testemunho ou reconhecimento sujeito a falsas memórias.

Com efeito, infere-se, de plano, que todos esses aspectos revelam um tratamento atécnico, pífio e amador (ou mesmo irresponsável) em relação a esses importantes elementos de prova, resultando em um cenário desastroso ao resultado final da persecução criminal.

1.2 *Standards* epistêmicos e valoração probatória

O Direito Probatório, regulado no âmbito legislativo pelo Título VII do Código de Processo Penal, traz, em seu dispositivo inaugural, na dicção do artigo 155, o denominado princípio do livre convencimento motivado como parâmetro de valoração probatória.

Não obstante as críticas que guardamos a essa nomenclatura e, em especial, à própria efetividade desse princípio, o que é importante mencionar neste momento é que a valoração probatória não está adstrita a um tarifamento prévio ou mesmo a *standards* predeterminados, mas sim decorre da impressão conjuntural do magistrado, devidamente fundamentada, sobre todo o seu arcabouço.

E é aqui que surge exatamente o primeiro problema: o sistema do livre convencimento motivado, diante da ausência de *standards* predeterminados, escora-se na (falsa) ideia de que o magistrado tem a capacidade de resolver todos os problemas que circundam as provas dependentes da memória.

E, como veremos mais adiante, os avanços científicos da Psicologia do Testemunho evidenciam justamente o contrário, na medida em que atestam a irrisória capacidade humana de detecção de mentiras, o desconhecimento sobre aspectos importantes de funcionamento da memória pelos operadores do sistema de justiça, a ausência de treinamento especializado, o descaso metodológico na formulação de perguntas, entre outros problemas que, ao final, são "solucionados" com base na construção principiológica do "livre convencimento" motivado.

Nesse sentido, o que se percebe em relação à valoração atual das provas dependentes da memória, em especial o testemunho, é que, acobertadas pelo manto do livre convencimento, elas são constantemente validadas a partir de expressões atécnicas e extremamente subjetivas, como, por exemplo: "a testemunha foi firme e segura", "o depoimento foi coerente e sólido".

Ocorre que esses critérios, não obstante sua ampla utilização no cotidiano prático da persecução criminal, não constituem parâmetros seguros de que a narrativa da testemunha ou o reconhecimento de um suspeito espelhe a realidade dos fatos ou dos personagens de um caso penal.

Com efeito, a Psicologia do Testemunho emerge como um suporte científico-metodológico adequado a nos alertar sobre as peculiaridades e as fragilidades das provas dependentes da memória, dotando os operadores jurídicos do discernimento necessário quanto aos seus critérios de valoração.

Nessa seara, cabe ressaltar que tal valoração probatória atribuída ao testemunho ou ao reconhecimento não pode ser da espécie "tudo ou nada" ou mesmo dotada de um *status* de presunção extralegal positiva (o testemunho é verdadeiro até prova em contrário), pois é necessário se levar em conta que a memória humana, na qualidade de resultado de um complexo de processos cognitivos, está sujeita a interferência por uma série de vetores, podendo dar azo a falhas, a defeitos de percepção e armazenamento e a falsas memórias.

Cumpre destacar, ainda, que os casos penais que cotidianamente deflagram a persecução criminal, devido às suas peculiaridades específicas, encontram-se em patamares distintos de complexidade em relação à coleta probatória.

Por evidente, um cenário criminal de um caso de roubo a estabelecimento comercial, por exemplo, pode gerar um contexto probatório com possibilidade de múltiplas testemunhas, registros de imagens de sistemas de segurança, coleta de dados telemáticos, entre outros. Por sua vez, um cenário criminal de um caso de violência sexual intrafamiliar, frequentemente, pode ocasionar um contexto probatório de alta dificuldade probatória, no qual, muitas vezes, é possível contar apenas com o testemunho da própria vítima.

Essa questão é de suma importância, na medida em que a persecução criminal, por seu caráter instrumental, legitima a intervenção penal estatal no âmbito do sistema constitucional de liberdades individuais.

No processo penal brasileiro, a persecução criminal é estruturalmente bipartida, de modo que a primeira etapa, denominada investigação criminal e titularizada pela polícia judiciária, requer a constatação pelo Estado-Investigador de um *standard* de prova em nível de probabilidade, ou seja, os elementos probatórios que dão suporte à hipótese investigativa devem indicar, em nível vestigial, a presença de indícios de autoria e materialidade do caso penal.

Contudo, a etapa sequencial, qual seja a instrução processual, exige, por imposição do princípio da presunção de inocência, o alcance pelo Estado-Juiz de um *standard* probatório em nível de certeza, em que a tese de acusação aniquile, de forma integral e exaustiva, a tese defensiva, permitindo-se, assim, a edição de um decreto condenatório.

Nessa perspectiva, torna-se evidente que o *standard* probatório exigido ao final da persecução criminal é elevado, até mesmo diante do comando constitucional da presunção de inocência.

Assim sendo, considerando a matriz teórico-probatória anglo-saxônica como a de melhor elaboração em parâmetros de prova, torna-se claro que a adoção do *standard* além da dúvida razoável (*beyond any reasonable doubt*) seria aquele que mais se aproxima de um juízo de certeza que sustenta uma condenação criminal.

Os demais parâmetros – como, por exemplo, evidência clara e convincente (*clear and convincing evidence*), prova mais provável que a negação (*more probable than not*) e preponderância da prova (*preponderance of the evidence*) – constituem *standards* importantes, sejam como meio de sustentação de um juízo de probabilidade na fase investigativa, ou então como elementos comprobatórios de corroboração na instrução criminal que, aliados ao *standard* adequado (*beyond any reasonable doubt*), conferem a segurança jurídica necessária a uma condenação criminal.

Por essa via, cabe registrar aqui que, justamente no âmbito de sua valoração probatória, as provas dependentes da memória, por suas especificidades, necessitam, sempre que possível, estar acompanhadas de outros elementos de corroboração.

É preciso reconhecer a fragilidade dos meios de coleta, armazenamento e recuperação das provas dependentes da memória, tendo em vista os inúmeros vetores de influência que atuam na memória humana. A percepção decorrente de um testemunho ou de um reconhecimento pessoal pode ser diferente da realidade, ou, ainda, a narrativa descrita pela testemunha pode ser diferente de sua percepção.

Por essa razão, principalmente nas hipóteses de casos penais dotados de alta dificuldade probatória, deve-se evitar a utilização da prova testemunhal ou do reconhecimento pessoal de forma isolada e desacompanhado de outros elementos de convicção, mesmo que estes sejam classificados em outros *standards* probatórios considerados inferiores.

Como será debatido adiante, a produção de provas dependentes da memória humana é extremamente delicada, necessitando-se do conhecimento acerca de seu funcionamento, dos vetores de influência e da metodologia de coleta, não podendo o Direito Processual Penal permanecer avesso aos progressos da Psicologia do Testemunho que demonstram, com autoridade científica, a necessidade de otimização desse valioso meio de prova, sob pena de relegá-lo a um padrão de baixa confiabilidade no contexto probatório.

1.3 Bases científicas e cadeia de custódia

Certamente um dos temas de maior relevo no âmbito do Direito Probatório, a cadeia de custódia da prova penal ingressa no ordenamento jurídico-processual brasileiro, a partir da edição da Lei nº 13.964, de 2019.

Uma análise meramente topográfica da legislação processual penal revela que a cadeia de custódia foi inserida no Capítulo II, do Título VII, do Código de Processo Penal, sob denominação "Do exame de corpo de delito, da cadeia de custódia e das perícias em geral". Nos demais capítulos do referido título, com afetação expressa à seara do Direito Probatório, estão as provas dependentes da memória, em seus diversos aspectos, e, em seguida, um outro capítulo dedicado às provas documentais.

A partir dessa constatação, a questão central que assume relevo é a seguinte: a cadeia de custódia da prova penal aplica-se tão somente às provas periciais?

Pensamos que a resposta que se impõe é negativa.

A uma, porque a cadeia de custódia da prova penal constitui um sistema de controle epistêmico que visa garantir a ideia de idoneidade do elemento de prova.

Citando Urazán Batista, Geraldo Prado[4] assevera que a cadeia de custódia tem como eixo central o princípio universal da autenticidade da prova, por meio do qual resta assegurado que toda evidência coletada na etapa probatória deve ser a mesma utilizada quando dos processos decisórios na instrução processual.

A duas, porque a cadeia de custódia guarda como princípio reitor a fiabilidade probatória, a qual, por sua vez, impõe a necessária avaliação prévia sobre a admissibilidade de um determinado elemento de prova, antes mesmo de sua valoração.

Cuida-se aqui de um dispositivo que naturalmente se impõe como guardião da origem e da natureza da prova, da idoneidade de seu método de coleta e de armazenamento, da garantia de sua preservação e mesmidade ao longo de toda a marcha processual.

A três, porque as provas ditas "científicas" tendem, em uma perspectiva subjetiva, a alcançar um *status* de supervalorização epistêmica no campo da valoração probatória, quando comparadas aos demais elementos de prova, sendo necessária a realocação do instituto em seu devido patamar.

É a lição de Marina Gascón Abellán[5]:

> La admisibilidad es el control de entrada de la prueba en el proceso. Controlar que los informes periciales admitidos al proceso tengan un sólido fundamento científico es de un interés epistémico máximo, pues dicho control aspira a dejar a la pseudociencia fuera del ámbito de las decisiones judiciales. De hecho todos los esquemas de control de validez y fiabilidad de las pruebas comparten ese objetivo.

---

4   PRADO, Geraldo. A cadeia de custódia da prova no processo penal. São Paulo: Marcial Pons, 2019.
5   GASCÓN ABELLÁN, Marina. *Cuestiones probatorias*. Bogotá: Universidad Externado, 2012.

Vencida, portanto, essa primeira questão, resta, por evidente, que os princípios que estruturam a cadeia de custódia da prova penal aplicam-se a todos os elementos de prova, uma vez que antes de sua valoração, há de se fazer o necessário exame de sua fiabilidade para fins de ampla utilização no curso da persecução criminal.

Outra questão interessante reside na tradicional bipartição doutrinária entre as provas ditas "científicas", rubrica essa destinada ao exame de corpo de delito e às perícias em geral, e os demais elementos de prova.

Inclusive, nos bancos acadêmicos, essa diferenciação faz-se tão presente e intensa, que o senso comum rotula as provas dependentes da memória, em especial o testemunho, como "prostitutas das provas".

Todavia esse panorama de desconhecimento em relação ao campo probatório das provas dependentes da memória é atualmente focado por novas lentes, pois os avanços científicos em âmbito mundial alcançados pela Psicologia do Testemunho demonstram, cada vez mais, a necessidade de conhecimento dos mecanismos de funcionamento da memória humana, de suas características e principais vetores de influência, das metodologias de recuperação da memória para fins de obtenção de informações confiáveis, entre outros aspectos.

Dessa forma, desde os trabalhos pioneiros do psicólogo alemão Hugo Münsterberg, em 1908, presenciou-se um recrudescimento científico nesse campo nas últimas cinco décadas, de modo a sedimentar o papel central da Psicologia do Testemunho como pilar metodológico e científico para a otimização das provas dependentes da memória.

Nesse sentido, a Psicologia do Testemunho, como suporte científico das provas dependentes da memória, atravessa o campo jurídico, conferindo embasamento teórico adequado à compreensão de questões centrais referentes ao testemunho e ao reconhecimento, como, por exemplo: 1) o dimensionamento do impacto emocional na capacidade de um testemunho ou de um reconhecimento; 2) a influência do decurso temporal sobre o intervalo de retenção da memória; 3) a capacidade humana de detecção de mentiras; 4) a estruturação de um protocolo para testemunho e reconhecimento com a finalidade de otimizar a idoneidade das informações coletadas; 5) as condições de falibilidade da memória humana; 6) a produção de falsas memórias e erros honestos em testemunho e em reconhecimento; e 7) a relação entre detalhamento e certeza da memória humana com a precisão e acurácia das informações obtidas.

Com efeito, atualmente é possível visualizar um ambiente mais favorável à otimização dessas valorosas modalidades probatórias, construindo-se um cenário moderno e avesso ao isolamento científico, a partir de um diálogo franco entre o Direito, a Psicologia e a Epistemologia.

CAPÍTULO 2

PROVAS DEPENDENTES DA MEMÓRIA: O FUNCIONAMENTO DA MEMÓRIA HUMANA E SUA REPERCUSSÃO NO PROCESSO PENAL

2.1 Processos cognitivos de memorização e vetores de influência

A memória constitui um dos mais poderosos instrumentos de desenvolvimento da humanidade. Nesse sentido, tudo aquilo que pensamos, agimos, sentimos e imaginamos depende exclusivamente da capacidade humana de processar e registrar nossas experiências e vivências[1].

Quando se trata do sistema penal, especificamente no que toca à necessidade de se proporcionar um constante aperfeiçoamento da persecução criminal, dotando-a de um maior senso de justiça e equidade, verifica-se que, indubitavelmente, a memória humana exsurge como elemento central nos processos de obtenção dos principais meios de provas, quais sejam: o testemunho e o reconhecimento de pessoas.

Por essa razão, torna-se inimaginável que as diversas agências da persecução criminal e seus respectivos integrantes – os quais, justamente e de forma cotidiana, atuam de forma incisiva em todas as etapas de coleta, análise, preservação e valoração dessas modalidades probatórias – desconheçam por completo os mecanismos de funcionamento da memória humana.

---

1 SQUIRE, Larry. KANDEL, Eric. Memória: da mente às moléculas. Porto Alegre: Editora Artmed, 2003.

E a gravidade dessa questão é alarmante!

Imagine-se, por exemplo, a hipótese de um atirador do tipo *sniper*, cuja função profissional centra-se na execução de disparos de alta precisão. Qual é a viabilidade do exercício dessa atividade desassociado do conhecimento técnico sobre o funcionamento de seu rifle? E também da influência de fatores como distância, luminosidade, velocidade e direção do vento, implicações balísticas?

Em outras linhas, seria possível para um atirador de precisão alcançar os resultados esperados simplesmente ignorando essas premissas?

Por óbvio, a resposta que se impõe é negativa!

Contudo, infelizmente, essa é a radiografia atual do sistema de justiça criminal brasileiro, em que os dois elementos de prova mais amplamente utilizados no curso do processo penal, o depoimento e o reconhecimento, são produzidos e valorados por atores processuais que, em sua grande maioria, desconhecem mecanismos básicos e essenciais relacionados ao funcionamento da memória humana e aos seus respectivos vetores de influência.

E justamente quando se fala do funcionamento da memória humana, a questão principal a ser dirimida reside em esclarecer que ela, ao contrário do que se comumente imagina, não funciona como uma máquina fotográfica ou uma filmadora, que realiza um registro espectral recortado de um determinado cenário e seus personagens. Pelo contrário, ela é resultado de uma interação de diversos processos cognitivos que nos permitem manejar e compreender o mundo exterior.

No contexto fisiológico, as memórias são formadas a partir do reforço de conexões sinápticas entre os neurônios interligados. A ativação dessas novas sinapses modificadas faz ressurgir as lembranças aí armazenadas.[2] Segundo Izquierdo[3], a memória envolve processos de aquisição, formação, conservação e evocação de informações, de modo que nossas interações e formas de comunicação estão relacionadas a tudo que é apreendido pela memória.

Quando tratamos da memória humana no âmbito do processo penal, estamos cuidando de uma memória especificamente associada a um evento criminoso. Neste contexto, o elemento probatório que daí exsurge dependerá da coleta de informações que derivam de um conjunto de lembranças, recordações e vivências de uma determinada pessoa, em relação a fatos, objetos, ambientes e personagens, integrantes do caso penal.

Portanto a produção desses importantes meios de prova não pode ocorrer de forma atécnica e desprovida de embasamento científico adequado. Os operadores de Direito, que atuam na construção desse momento endoprocessual, não podem mais tratar o conteúdo extraído da memória humana como se fosse um mero registro, similar a uma fotografia ou uma filmagem, que está armazenado na memória da testemunha.

Como já mencionado acima (e aqui reforçado pela importância desta premissa), a memória humana não funciona como uma máquina fotográfica ou uma filmadora. Pelo contrário, ela resulta de uma série de processos cognitivos, está sujeita a diversos vetores de influência e necessita de uma metodologia adequada de coleta de informações armazenadas que garanta, em maior amplitude, a idoneidade e a confiabilidade dos dados obtidos.

Estabelecida essa primordial questão, cumpre assinalar que a memória humana, na qualidade de produto final de interações

---

2   FUSTER, Joaquín. Arquitetura da rede. Viver mente e cérebro. São Paulo: Duetto, 2006.
3   IZQUIERDO, Iván. Memória. Porto Alegre: Artmed, 2006.

de processos cognitivos, apresenta algumas características que interessam diretamente a esse diálogo de fontes entre Psicologia do Testemunho e o processo penal.

Esses aspectos, para fins didáticos, podem ser divididos em dois grandes agrupamentos, os quais optamos por denominar de características positivas e características negativas da memória humana.

Entre as características positivas, devem ser consideradas aquelas que atuam de forma favorável ao Direito Probatório, ou seja, constituem aspectos benéficos à atividade de coleta probatória. Nessa categoria, estão inseridas as características da eficiência, flexibilidade e potência.

Em um primeiro plano, é importante destacar que a memória humana é altamente eficiente. Isso significa afirmar que ela é capaz de produzir, armazenar e recuperar registros altamente fidedignos, relacionados a certos fatos, ambientes, objetos e personagens.

Com efeito, mesmo diante da complexidade dos processos de neuromodulação, bem como da influência de múltiplos vetores nas etapas que compõem o processo de memorização, a memória humana é dotada intrinsecamente dessa capacidade de registrar informações com elevada fidedignidade[4].

Outra característica positiva de grande importância é a flexibilidade da memória, refletida por sua aptidão em selecionar informações relevantes.

Cuida-se aqui de uma habilidade inata da memória humana, por meio da qual ela consegue identificar e eleger, entre os diversos registros disponíveis, aqueles considerados como mais importantes, aumentando consideravelmente, nesses casos, o seu intervalo de retenção.

---

4   BADDELEY, Alan. A memória autobiográfica. Memória. Porto Alegre: Artmed, 2011.

A flexibilidade da memória relaciona-se com a facilidade e a vivacidade de eventos considerados marcantes, que apresentam elevado potencial de disponibilidade e durabilidade, além de serem dotados de alta qualidade sensorial. Nesse sentido, eventos considerados relevantes pela memória humana condicionam-se a partir de fatores como: 1) a importância pessoal que o sujeito atribui a um determinado evento; 2) a frequência de reprodução do evento; 3) a especificidade do evento; e 4) a idade do evento[5].

Memórias acerca de eventos marcantes, como, por exemplo, o nascimento de um filho, uma viagem incrível ou um pedido de casamento, ou mesmo hábitos rotineiros, como uma dieta específica ou uma prática esportiva reiterada constituem hipóteses afetas ao desenvolvimento da flexibilidade da memória humana.

Por fim, como sua terceira característica positiva, a potência denota a elevada capacidade de armazenamento dos registros de memória[6]. O complexo de cerca de 86 bilhões de neurônios do cérebro humano implica uma capacidade de armazenamento de memória na ordem de 1.000 *terabytes* (somente para fins de comparação, o acervo da biblioteca do Congresso dos EUA reserva um quantitativo total de 10 *terabytes* de dados). Trata-se de um potencial de armazenamento incrível e, conforme mencionado anteriormente, supera, em muito, qualquer máquina fotográfica ou filmadora.

Por outra via, também precisamos conhecer as ditas características negativas da memória humana. São assim denominadas aquelas que representam, mesmo que de modo indireto,

---

5 RUBIN, David C. *Vivid memories*. Cognition, 1984.
6 LENT, R. Cem bilhões de neurônios? Conceitos fundamentais de neurociência. São Paulo: Atheneu, 2010.

um potencial efeito prejudicial ao Direito Probatório. São elas: a imperfeição, a falibilidade e a sugestionabilidade.

Nesse campo, a imperfeição da memória humana passa, necessariamente, pela compreensão de que a consolidação de seus registros ocorre de maneira fragmentária. Ou seja, não se está diante de uma perfeita catalogação de certo recorte temporoespacial acerca de um evento e seus personagens, mas sim de um produto resultante da multiplicidade de processos cognitivos.

Dessa forma, as imperfeições podem ocorrer em todos os estágios de formação, desenvolvimento, armazenagem e recuperação de um registro de memória, na medida em que cada uma dessas etapas, conforme será demonstrado mais adiante, é passível de influência por uma gama de fatores intrínsecos e extrínsecos.

É a lição de Squire e Kandel[7]:

> As fragilidades da memória são universais na experiência humana. Podemos esquecer completamente um evento apesar de nossa intenção de lembrá-lo, ou podemos recordar um evento de forma imprecisa, embora estejamos certo de que, de início, o percebemos corretamente e o entendemos bem. Uma vez que algum tempo se tenha passado, nossa memória daquilo que aconteceu pode se tornar vaga e incerta.

E prosseguem:

> Quando as pessoas tentam evocar uma memória, por exemplo, algumas vezes incorrem em erros criativos, apagando algumas partes da história, fabricando outras partes e, em geral, tentando reconstruir a informação de modo que se faça sentido.

---

7   SQUIRE, Larry; KANDEL, Eric. Memória: da mente às moléculas. Porto Alegre: Editora Artmed, 2003.

Deve-se, portanto, assimilar a imperfeição como uma característica natural e intrínseca da memória humana e, a partir dessa perspectiva, dimensionar seu alcance para fins de valoração do grau de confiabilidade do dado obtido por meio de um testemunho ou de um reconhecimento pessoal.

Nesse mesmo sentido, a falibilidade apresenta-se como uma segunda característica negativa da memória humana. Tal qual exaustivamente repetido aqui, a memória humana não tem seu funcionamento regulado como uma máquina fotográfica, que possibilita a uma determinada pessoa registrar um evento e, posteriormente, recuperá-lo na proporção exata. Pelo contrário, a memória, em seus processos formativos, está sujeita a falhas e distorções[8].

Um dos exemplos primários de falibilidade da memória humana é o esquecimento, caracterizado como um reflexo do decurso temporal que naturalmente reduz o intervalo de retenção da memória, provocando perda de nitidez e deterioração parcial ou integral dos registros. Todavia o esquecimento não constitui o único modelo de falibilidade da memória humana, vez que esta também está propensa a distorções e estruturação de falsas memórias.

As falsas memórias (que serão exploradas no capítulo seguinte) decorrem de contaminações nos processos cognitivos da memória, que, por distorção, passam a integrar os registros que determinada pessoa detém acerca de um determinado evento e seus personagens[9]. É a hipótese, por exemplo, de uma vítima de roubo que, após assistir em um programa de televisão à captura de um suspeito de roubo em um estabelecimento comercial,

---

8   LOFTUS, Elizabeth F. *Creating false memories. Scientific American*, v. 277. 1997.
9   STEIN, Lilian M. Falsas memórias: fundamentos científicos e suas aplicações clínicas e jurídicas. Porto Alegre: Artmed, 2010.

passa a acreditar ser ele o mesmo criminoso. Dessa maneira, essa vítima, a partir da distorção de processos cognitivos internos, cria a falsa memória de que aquele suspeito, que na verdade foi por ela visualizado pela primeira vez em um programa televisivo, é o mesmo executor do evento criminoso em que foi vítima.

Por fim, a sugestionabilidade emerge como sendo a terceira e, potencialmente, a mais nefasta característica negativa da memória humana, em relação ao contexto probatório de uma investigação criminal. Esse processo ocorre a partir da inserção inadvertida de uma sugestão oriunda por um agente externo nos processos cognitivos de memorização de uma pessoa[10]. Na verdade, esse traço de memória, mesmo não vivenciado pela pessoa, foi inserido em seus processos cognitivos por meio da intervenção de um terceiro, e, a partir de então, acopla-se aos registros de memória da testemunha de um evento.

Trata-se da hipótese, por exemplo, de uma testemunha de um roubo a um estabelecimento comercial que, mesmo não tendo visualizado o criminoso em posse de uma arma de fogo, recebe essa informação momentos após o crime, em conversa informal com outras testemunhas que se encontravam no local. Esse dado, introduzido de forma inadvertida nos processos de memorização da testemunha, pode implicar a geração de uma falsa memória justamente acerca desse detalhe, de modo que, quando posteriormente inquirido em sede policial ou mesmo em juízo, a testemunha relatará ter visualizado a arma de fogo em posse do criminoso.

Com efeito, imperioso frisar que essas características da memória humana, ora classificadas como positivas (eficiência, flexibilidade e potência) e negativas (imperfeição, falibilidade

---

10 STEIN, Lilian M. Falsas memórias: fundamentos científicos e suas aplicações clínicas e jurídicas. Porto Alegre: Artmed, 2010.

e sugestionabilidade) são apresentadas dessa forma para fins didáticos, sendo realmente importante aos atores jurídicos da persecução criminal o conhecimento sobre a influência de cada uma delas nos processos cognitivos de memorização, vez que todos esses aspectos repercutem incisivamente no grau de confiabilidade das provas dependentes da memória.

Esclarecidas tais premissas, cabe ingressar no modo de funcionamento da memória humana. O estudo da memória humana contempla o diálogo de fontes entre a Biologia Molecular e as ciências cognitivas. A primeira dedica-se aos fenômenos biológicos de sinalização entre as células neurais e a formação e estabilização de seus registros em diversas regiões encefálicas, enquanto a segunda debruça-se sobre as múltiplas interações entre os processos cognitivos de memorização e aprendizagem.

Cumpre assinalar que existem diversos sistemas de memória, respectivamente associados a áreas encefálicas distintas e com diferentes modelos de classificação. Para o presente objetivo, interessa-nos o registro de memória denominado de memória declarativa episódica, determinado pelo conjunto de informações acessíveis ao nosso consciente e relacionadas a fatos, pensamentos, vivências e acontecimentos.

Segundo Squire e Kandel[11]:

> A memória declarativa é a memória para eventos, fatos, palavras, faces, música – todos os vários fragmentos do conhecimento que fomos adquirindo durante a vida de experiência e aprendizado, conhecimento que pode ser declarado, ou seja, trazido à mente de uma forma verbal ou como uma imagem mental.

---

11 SQUIRE; KANDEL, 2003.

E é justamente essa modalidade, a memória declarativa, que interessa ao estudo das provas dependentes da memória, na medida em que a produção probatória de um depoimento ou de um reconhecimento invoca um registro de memória que recai, obrigatoriamente, sobre um evento crítico-traumático, qual seja, o caso penal, envolvendo, assim, todas as circunstâncias relacionadas ao ambiente, aos objetos e aos personagens integrantes desse evento.

Basicamente, o processo de memorização envolve quatro etapas distintas[12]: estímulo, codificação, armazenamento e recuperação. O estímulo corresponde à primeira etapa do processo de memorização e compreende a percepção multissensorial que uma pessoa tem sobre um determinado evento e todos os seus elementos integrativos. Trata-se de uma etapa altamente complexa, pois, no ambiente real, recebemos uma multiplicidade de padrões de estímulos sensitivos que serão processados e codificados até nos conferir um determinado significado.

Considerando que a visão constitui nosso principal sentido, os recentes estudos no campo da percepção de cenas passam a assumir um papel de relevo na compreensão dessa etapa do processo de memorização. Nesse sentido, estudos recentes revelam a capacidade de um indivíduo construir a representação de uma cena em uma velocidade extrema.

A captação da essência de um evento, denominada *gist*[13], tem início em estágios precoces (*early stages* – verificados antes 100 ms) e tardios (*late stages* – verificados entre 200 a 300 ms). Além disso, o processamento dessa percepção, que também tem interconexão com outros fatores – como, por exemplo, atenção

---

12   IZQUIERDO, 2002.
13   OLIVA, Aude. *Gist of the scene*. San Diego: Elsevier, 2005.

e potencial de visualização – pode operar em níveis baixos, intermediários ou altos[14].

Um outro fator que deve ser levado em consideração na construção da representação do estímulo consiste na irregularidade da distribuição de fotorreceptores na retina humana[15], com subsequente captação de imagens em níveis de detalhamento distintos. Contudo essa limitação é contornada pelo movimento do globo ocular, em uma proporção média de três vezes por segundo, de modo que uma *gist* de cada percepção é extraída e imediatamente articulada com a seguinte.

No entanto, como já exaustivamente mencionado, a memória humana decorrente desse estímulo visual não opera como uma máquina fotográfica, acumulando de forma sequencial diversos *frames* resultantes da percepção visual, mas sim por meio de modelos cognitivos representativos que englobam o significado da cena, o layout do ambiente e alguns detalhes (memória transacádica)[16].

Com efeito, os estudos na área de percepção de cena são altamente contributivos ao Direito Probatório. Eles esclarecem que, nessa primeira etapa do processo de memorização, notadamente marcado pela captação de um estímulo multissensorial, a representação que seguirá decodificada pela memória humana consiste em uma elaboração limitada que depende de fatores visuais, atencionais e emocionais.

Nesse ponto, ingressa-se na segunda etapa do processo de memorização, denominada codificação, que justamente conota essa transformação do estímulo captado em um modelo cognitivo passível de armazenamento.

---

14 RENSINK, Ronald. *Scene perception*. New York: Oxford, 2000.
15 HENDERSON, John. *Introduction of real-world scene perception*. Visual Cognition: v. 12, 2005.
16 INTRAUB, Helene. *Visual scene perception*. London: Nature Publish Group, 2002.

Aqui resta imperioso acrescentar que a memória, como processo de apreensão de uma vivência ao longo do tempo, encontra-se intrinsecamente vinculada aos mecanismos de aprendizagem.

Dessa forma, a codificação da captação de uma cena já agrega originalmente memórias semelhantes e experiências anteriores, de modo que essa representação codificada tende a ser mais ampla que o evento original. Esse fenômeno, estudado profundamente por Intraub[17], recebe a denominação de fronteira estendida (*boundary extension*).

Nesse sentido, verifica-se que a codificação está adstrita a um modelo perceptivo de múltiplas fontes (*multisource model*), baseada não só na representação visual e semântica de um evento, mas também nas experiências pretéritas de memória e aprendizagem, bem como na configuração espacial da cena, na medida em que o observador – que, em nosso caso, será uma vítima, uma testemunha ou até mesmo um suspeito – sempre estará incorporado nesse cenário.

Assim, a codificação comportaria a construção de um modelo cognitivo passível de armazenamento decorrente da percepção de um estímulo de fontes múltiplas sobre o ambiente, certos objetos e personagens.

Frise-se que a codificação, como etapa do processo de memorização, encontra-se estritamente vinculada à captação do estímulo. Com efeito, quanto mais qualificada a percepção de um determinado evento, melhor será a codificação no âmbito da memória humana.

---

17 INTRAUB, Helene. *Rethinking visual scene perception*. Wiley Interdisciplinary Reviews: Cognitive Science, 2012.

Desse modo, a etapa de codificação está sujeita a determinados fatores de influência, entre os quais se destacam a visualização, a excitação e a atenção, de sorte que eventuais defeitos nesses aspectos podem resultar em falhas na percepção que, por conseguinte, comprometerão todo o processo de memorização.

Analisando o primeiro fator, a visualização pode ser comprometida a partir de elementos básicos como a luminosidade, a velocidade, a distância e o tempo de exposição.

A luminosidade afeta a percepção por meio de sua intensidade, variação e coloração. Dessa forma, em situações de alta luminosidade[18], a visão humana tem condições de operar em uma boa captação do evento, vez que, no aspecto citológico, as células do tipo cones e bastonetes atuam em sua potência máxima.

Por outra via, em situações de luminosidade precária, a percepção fica prejudicada, pois as células do tipo cone são as principais responsáveis pela identificação das tipologias de coloração e têm alto grau de precisão visual, mas sua atuação está condicionada a boas condições de exposição luminosa. Assim, nas circunstâncias de baixa luminosidade, as células do tipo bastonetes acabam por assumir todo o encargo da percepção visual, mas limitam-se à detecção de movimentos, tendo baixa performance no detalhamento e na identificação de cores[19].

As alterações repentinas de luminosidade também influenciam a percepção de um evento, na medida em que variações bruscas interferem diretamente na acomodação visual. Adite-se que as transições de iluminação verificadas de um ambiente claro para

---

18 ROGERS, Kara. *The eye: the physiology of human perception*. New York: Britannica Educational Publishing, 2011.
19 LOFTUS, 2013.

um ambiente escuro demandam tempo de acomodação maior quando comparadas as variações de ambiente escuro para claro[20].

É a hipótese, por exemplo, de uma testemunha que está em um ambiente escuro de uma boate e presencia um crime no momento em que é acionada a iluminação estroboscópica. Ou, ainda, quando uma testemunha encontra-se realizando uma atividade no interior de sua residência e percebe a presença de um suspeito no jardim escuro da casa. Nesses casos, a transição repentina do grau de luminosidade demanda um lapso temporal maior de acomodação visual, prejudicando a acuidade sensorial e, por consequência, implicando substancial redução na codificação do estímulo.

Por fim, a coloração também apresenta variações que podem afetar a codificação de um estímulo visual, já que estudos científicos indicam que colorações como vermelho e amarelo, cujos feixes luminosos são dotados de maior velocidade, têm maior aderência na memória humana quando comparados a outras colorações de tom frio, como verde e azul[21].

Outro aspecto importante é a velocidade, em que se parte do princípio de que a memória humana apresenta um certo grau de dificuldade de estimar a velocidade de um objeto com precisão, lançando mão, para execução dessa atividade, de parâmetros comparativos[22].

Em um experimento interessante realizado por Kebbel com distintos grupos de pessoas, instados a estimar a velocidade entre veículos automotores, apresentou elevação no resultado

---

20 ROGERS, 2011.
21 KUHBANDNER, Christof *et al*. *Differential binding of colors to objects in memory*: red and yellow sticks better than blue or green. Frontiers in Psychology, 2015.
22 RAMOS, Vítor de Paula. Prova testemunhal: do subjetivismo ao objetivismo, do isolamento científico ao diálogo com a psicologia e a epistemologia. Salvador: Juspodivm, 2021.

do índice de velocidade indicada na ordem de 20%, quando as pessoas eram expostas a veículos acidentados (como em uma colisão) ou mesmo quando um deles tinha uma sirene (como, por exemplo, uma viatura policial oficial), em relação ao grupo neutro de controle, que, por sua vez, não era exposto a esse tipo de estímulo ou informação[23].

A distância também constitui um entrave para a memória humana, haja vista que as pesquisas científicas comprovam um certo grau de dificuldade de pessoas estimarem a distância entre pontos referenciais[24]. O estudo também indica que as variações de estimativa apresentam uma piora quando as distâncias aferidas aumentam. Assim, enquanto as distâncias reais de cerca de 20 m apresentam taxa de sucesso na ordem de 40%, o seu aumento para 30 m já indica um decréscimo na taxa de sucesso – com uma queda para 30%.

Além disso, a depender da distância, caso o posicionamento seja um dado de relevo na investigação criminal, valorar uma evidência tão somente a partir da descrição estimada de uma testemunha pode ser temerário no campo processual penal, sobretudo quando desvinculada de outros elementos informativos de corroboração.

Por fim, ainda no campo da visualização, enquanto fator de influência na etapa de codificação dos processos de memorização, o tempo de exposição constitui um aspecto de grande relevância. Trata-se aqui de um fator decisivo, em que estudos recentes indicam que a elevação do tempo de exposição de um evento crítico de 10 segundos para 50 segundos implica não só

---

23 KEBBEL, Mark *et al*. *The influence of belief that a car crashed on witnesses estimates of civilian and police car speed*. The Journal of Psychology: Interdisciplinary and Applied, 2002.

24 LINDSAY, Roderick *et al*. *How variations in distance affect eyewitness reports and identification accuracy*. Law Human Behavior, 2008.

uma elevação na taxa de sucesso para reconhecimentos positivos, como também a redução de reconhecimentos falsos[25].

Nesse sentido, a taxa de sucesso na identificação de um grupo de adultos jovens, considerando esse incremento de 40 segundos no tempo de exposição, aumentou de 29% para 95%, enquanto a taxa de erros foi reduzida de 42% para 5%. Com esse resultado, demonstra-se com clareza que, no âmbito de uma persecução criminal, quanto maior o tempo de exposição ao evento criminoso, maior o potencial de percepção e melhor a qualidade de codificação da memória. Então a fidedignidade da evidência obtida – como, por exemplo, de uma testemunha com maior tempo de exposição – tende a ser maior quando comparada a outra com tempo reduzido.

Um segundo importante fator de influência na codificação é a excitação. À medida que a exposição a um evento crítico, como um fato criminoso, provoca no organismo humano alterações fisiológicas de caráter defensivo como taquicardia, elevação da pressão arterial e do tônus muscular, descarga adrenérgica, entre outros fenômenos aptos a colocar uma pessoa em *status* de pronta reatividade em razão de uma situação potencialmente periclitante.

Estudos científicos realizados na área das ciências cognitivas[26], comparando grupos expostos a eventos neutros com aqueles submetidos a eventos traumáticos, evidenciou importantes resultados tanto em relação à identificação de pessoas quanto à descrição de elementos circunstanciais do evento, comprovando-se alterações no grau de confiabilidade da evidência decorrente de testemunho e reconhecimento, sob condições estressoras.

---

25 MEMON, Amina *et al*. *Exposure duration: effects on eyewitness accuracy and confidence*. British Journal of Psychology, 2003.

26 DEFFENBACHER, Kenneth *et al*. *A meta-analytic review of the effects of high stress on eyewitness memory*. Law and Human Behavior, 2004.

Com efeito, no campo do reconhecimento de pessoas, a taxa de sucesso global de identificações positivas foi da ordem de 42% em pessoas expostas a eventos críticos, enquanto o grupo exposto a eventos neutros apresentou taxa de sucesso superior, na faixa de 54%.

A seu turno, já em relação à descrição de elementos circunstanciais de um evento, o grupo exposto a evento crítico apresentou taxa de sucesso de acertos na ordem de 52%, enquanto o grupo exposto a evento neutro obteve resultado superior, com 64% de índice de acertos.

Comprovadamente, pode-se concluir que o nível de excitação afeta a codificação da memória humana tanto no potencial de reconhecimento de pessoas quanto na descrição das circunstâncias e objetos de um evento criminoso.

O terceiro fator de influência na etapa de codificação é a atenção. Aliado ao tempo de exposição, por óbvio, quanto maior o nível de atenção a um evento, maior a percepção do estímulo e, portanto, melhor o potencial de codificação na memória.

Contudo aqui cabe o esclarecimento de alguns pontos cruciais, como, por exemplo, a seletividade da atenção humana, que funciona como um verdadeiro filtro, na medida em que, durante a percepção de um evento, alguns objetos e personagens receberão maior destaque, em prejuízo de outros.

É a lição de Kandel[27]:

> A todo momento, os animais são inundados por um vasto número de estímulos sensoriais e, apesar disso, eles prestam atenção a apenas um estímulo ou a um número muito reduzido deles, ignorando ou suprimindo os demais. A capacidade do cérebro de processar a informação sensorial

---

27   KANDEL, Eric. Em busca da memória. São Paulo: Companhia das Letras, 2009.

é mais limitada do que a capacidade de seus receptores para mensurar o ambiente. A atenção, portanto, funciona como um filtro, selecionando alguns objetos para processamento adicional. [...] Em nossa experiência momentânea nos concentramos em informações sensoriais específicas e excluímos (mais ou menos) as demais.

Por evidente, essa característica seletiva da atenção induz à obtenção de uma percepção limitada[28] dos acontecimentos por nós vivenciados. Com isso, o potencial de codificação da memória de uma testemunha acerca de um fato criminoso restará, invariavelmente, adstrito a uma limitação de informações sobre o ambiente, seus objetos e personagens.

Outra questão importante, recentemente estudada pela Psicologia do Testemunho no campo da atenção e com interlocução direta com o processo penal, é o efeito foco na arma[29] (*weapon focus effect*). Estudos científicos apontam que testemunhas submetidas a eventos com criminosos em posse de arma de fogo demonstram a tendência de dirigir sua atenção para a arma de fogo, desvinculando-se dos demais elementos integrantes do cenário ou, até mesmo, de seus personagens.

No curso de uma investigação criminal, será comum, portanto, a narrativa de uma testemunha que não conseguirá realizar, por exemplo, a descrição de um suspeito ou fornecer um outro detalhe sobre as circunstâncias da própria dinâmica delitiva, sob alegação de ter fixado sua atenção integralmente na arma de fogo.

Não há ainda um consenso quanto à origem desse fenômeno, o qual decorre de uma situação clínica de estresse

---

28 MYERS, David. Psicologia. São Paulo: LTC, 2012.
29 PICKEL, Kerri. *The weapon focus effect on memory on females or male perpetrators*. Memory, 2009.

pós-traumático, em que alguns autores sustentam tratar de uma questão ligada à autoproteção da vida, ou seja, a fixação da atenção em um objeto que representa perigo iminente.

No entanto, estudos mais recentes[30] têm indicado que o *weapon focus effect* tem maior correlação com a seletividade da atenção para objetos fora de contexto, indicando a existência de um aspecto mais generalizado, decorrentes das experiências e vivências pretéritas na codificação dessa percepção.

Outro dado interessante vem de pesquisa[31] realizada comparando grupos de pessoas civis e de policiais, os quais foram expostos a eventos no quais padres de batina ora seguravam uma arma de fogo, ora seguravam uma bíblia. Nesse caso, a taxa de sucesso para a identificação de uma arma de fogo nas mãos de um padre foi extremamente superior no grupo de policiais quando comparados ao grupo neutro, evidenciando-se a importância de um contexto de vivências e experimentações pretéritas nesse efeito.

Realizadas as considerações sobre as fases de estímulo e codificação, passa-se a examinar a terceira etapa do processo de memorização, denominada de armazenamento. Ao revés do senso comum, o armazenamento da memória humana não pode ser comparado a um simples processo de engavetamento de informações relevantes em certas regiões cerebrais. Muito pelo contrário, ele resulta de um complexo de fenômenos bioquímicos e eletrofisiológicos que permitem a retenção de novas informações sobre fatos, pessoas, ambientes, objetos, sensações e vivências.

---

30   LOFTUS, 2013.
31   HEATON-ARMSTRONG, Anthony **et al.** *Witness testimony. Psychological, investigative and evidential perspectives.* New York: Oxford University Press, 2006.

Frise-se que esse fenômeno somente ocorre em função da neuroplasticidade cerebral[32], característica esta que, por sua vez, permite o rearranjo de complexas redes neurais que, em constante processo de modificação, promovem a retenção de informações em regiões cerebrais difusas[33].

Ainda durante a vida embrionária, em especial até o final do primeiro trimestre gestacional, o embrião humano já conta com cerca de 80% de suas células neurais. No decorrer dos processos de crescimento e desenvolvimento, o tecido nervoso ingressa em um processo denominado maturação neural, com ampliação e ramificações, em razão da neuroplasticidade[34].

Já na vida adulta, a maioria dos neurônios perde sua capacidade de reprodução; porém, em algumas regiões cerebrais, a neurogênese é mantida, sobretudo no hipocampo, área que concentra atividades cerebrais complexas envolvendo memória e aprendizagem.

Outrossim[35], a capacidade de formar novas conexões e ramificações, com alterações de extensão, formatos e prolongamentos em resposta a novos estímulos externos, a partir de alterações de naturezas bioquímica e metabólica, não é perdida, emergindo-se, assim, um dos principais efeitos da neuroplasticidade no armazenamento das memórias.

Importa ressaltar que, nos processos de memorização, a etapa de armazenamento não contempla uma retenção de informações sedimentadas em definitivo, estando sujeita a

---

32 SQUIRE; KANDEL, 2003.
33 PURVES, Dale. *Neuroscience*. Londres: Oxford University Press, 2017.
34 LENT, Roberto. Neurociência. Da mente e do comportamento. Rio de Janeiro: Guanabara Koogan, 2008.
35 CARVALHO, Hernandes Faustino de; COLLARES-BUZATO, Carla Beatriz. Células. Uma abordagem multidisciplinar. São Paulo: Manole, 2005.

interferências por vetores como o decurso temporal, a relevância do evento e as distorções por falsas memórias.

O decurso temporal dialoga diretamente com o intervalo de retenção da memória. Por evidente, o esquecimento constitui um fenômeno natural e inato de deterioração da memória em razão do tempo, com redução do intervalo de retenção das informações armazenadas e perda gradual da nitidez. Dessa forma, a tendência natural do efeito temporal sobre a memória de um determinado evento é a degradação do registro do acontecimento, suas circunstâncias e personagens.

Ao citar Izquierdo, Vítor de Paula Ramos[36] bem assevera que os processos de armazenamento e recuperação das memórias são saturáveis – ou seja, para ceder espaço a novas memórias, deve necessariamente haver perda de memórias preexistentes.

Sob o ponto de vista processual penal, trata-se de um dado extremamente relevante, uma vez que a potencial qualidade probatória varia, de forma inversamente proporcional, ao decurso temporal entre o fato criminoso e a produção da prova dependente da memória.

Podemos afirmar então que, quanto menor o lapso temporal entre a ocorrência do fato criminoso e a produção de um depoimento ou de um ato de reconhecimento, maior é a qualidade da prova produzida. A Psicologia do Testemunho[37] trata dessa questão sob a denominação *retention interval*, ou seja, o decurso de tempo entre a ocorrência do evento e a recuperação das informações decorrentes dessa memória.

---

36 RAMOS, 2021.
37 KING, Donald; JONES, Farracha; PEARLMAN, Ronald; TISHMAN, Abraham; FELIX, Cassandra. *The length of the retention interval, forgetting, and subjective similarity. Journal of Experimental Psychology: Learning, Memory and Cognition*, 2002.

Nesse contexto, questão interessante recai sobre o fenômeno da reminiscência[38]. Trata-se de um processo de funcionamento normal da memória humana, em que uma pessoa não se recorda de informações logo após a ocorrência do evento, mas, depois de certo lapso temporal, ela consegue recuperar essas informações inicialmente esquecidas.

Frise-se que esse tipo de comportamento, sobretudo quando verificado na coleta de depoimento de testemunhas e vítimas, tende a ser erroneamente interpretado por operadores jurídicos como um sinal de inconsistência. Porém a recordação tardia de outros elementos informativos acerca de um fato criminoso pode ocorrer em razão do fenômeno natural da reminiscência.

Um segundo vetor de influência na etapa de armazenamento da memória é a relevância do evento. Por óbvio, o nascimento de um filho, um pedido de casamento ou mesmo uma viagem especial constituem exemplos de recordações e vivências que, em razão da flexibilidade da memória humana, têm um elevado potencial de armazenagem.

No âmbito do Direito Probatório, há de se ressaltar um aspecto interessante, com base no fato de que todo evento crítico vem carreado de elevada carga emocional, o que, por sua vez, gera uma memória mais vívida e detalhada[39]. Dessa forma, a memória humana relativa a um evento criminoso, na medida em que este se apresenta como dotado de alta descarga emocional, tende a ser mais vívida.

Essa característica da memória associada a um fato criminoso tem implicações positivas e negativas e, por essa razão,

---

[38] GILBERT, Julian; FISHER, Ronald. *The effects of varied retrieval cues on reminiscence in eyewitness memory. Applied Cognitive Psychology*, v. 20, 2006.
[39] HOUSTON, Kate *et al.* The emotional eyewitness: The effects of emotion on specific aspects of eyewitness recall and recognition performance. Emotion, v. 13, 2013.

merece atenção especial dos operadores do sistema de justiça criminal, em especial para aqueles que atuam diretamente com Direito Probatório.

Como aspectos positivos, pode-se afirmar que essa memória vívida contempla maior nível de detalhamento, maior potencial de armazenagem, bem como a inclusão de elementos multissensoriais (tato, olfato, paladar e audição). A seu turno, como elementos negativos, adverte-se que essa memória vívida e detalhada não é sinal de precisão ou acurácia[40]. Ela está sujeita a influências de falsas memórias[41] e tem maior potencial de desenvolvimento de quadro clínico de estresse pós-traumático[42].

A última etapa que abrange os processos de funcionamento da memória humana é a recuperação, caracterizada pela busca e evocação de informações acerca de um determinado evento, suas circunstâncias, elementos e personagens[43]. A recuperação opera por meio de dois mecanismos distintos: a recordação, traduzida como a busca direta de uma informação armazenada ou por meio de vestígios, e o reconhecimento, refletido a partir da comparação entre uma informação fornecida e aquela contida na memória.

Cumpre aqui advertir que a etapa de recuperação ocorre em momento posterior à verificação do evento, e essa temática é estudada sob denominação de *post-event information*. Nesse contexto, importa esclarecer que a repetição dos processos de

---

40 EARLES, Julie *et al*. Memory for positive, negative and neutral events in younger and older adults: Does emotion influence binding in event memory? Cognition and Emotion, v. 26, 2015.
41 STEIN, 2010.
42 TOGLIA, Michael *et al*. *The handbook of eyewitness psychology*. London: LEA, 2007.
43 BADDELEY, 2011.

recuperação da memória tende a consolidar seu armazenamento[44]. Porém, cada vez que essa recuperação de memória é repetida, eleva-se o risco potencial de distorções de origens intrínsecas e extrínsecas[45].

No campo do Direito Probatório, trata-se de um fator extremamente importante, uma vez que, após a ocorrência de um evento criminoso, é natural, por exemplo, que uma testemunha converse com outras testemunhas ou personagens daquele cenário, com policiais militares que chegam ao local do fato, prestem depoimento em sede policial e, posteriormente, em juízo em uma audiência de instrução criminal.

Toda essa gama de evocações repetidas de recuperação da memória resulta em versões compartilhadas acerca de um evento crítico, fazendo com que a testemunha absorva elementos, impressões e vivências oriundas de fontes diversas, o que, de alguma maneira, pode impactar a reconstrução histórico-lógica do caso penal, típica dos processos investigativos.

Dessa forma, considerando que a acurácia e a precisão das informações sobre um evento criminoso – na condição de elementos essenciais para a produção probatória – estão umbilicalmente atreladas ao momento de recuperação da memória, a questão gravitacional passa necessariamente pela adoção de uma metodologia eficiente para obtenção de informações confiáveis, levando-se em consideração não só o conhecimento acerca das etapas integrantes do processo de memorização, mas também todos os vetores de influência que atuam nesses processos.

---

44 ROEDIGER, Henry; KARPICKE, Jeffrey. *Test-enhanced learning taking memory tests improves long-term retention*. Psychological Science, 2006.
45 CHAN, Jason; THOMAS, Ayanna; BULEVICH, John. *Recalling a witnessed event increases eyewitness suggestibility: the reversed testing effect*. Psychological Science, 2009.

2.2 Falsas memórias: por que nos lembramos do que NÃO aconteceu?

No âmbito do Direito Probatório, um dos temas mais negligenciados pelos operadores jurídicos encontra-se, indubitavelmente, no completo desconhecimento acerca dos efeitos e implicações processuais do fenômeno das falsas memórias na produção de depoimentos e reconhecimentos.

As pesquisas sobre as inúmeras distorções da memória, especialmente realizadas por Loftus[46], tiveram início há cerca de 60 anos e hoje assumem um papel relevante na interlocução com o processo penal. Seus resultados evidenciam sobretudo que a memória contempla um mecanismo dinâmico, que pode sofrer alterações e inserções indevidas, transportando ao contexto processual informações sobre fatos, pessoas ou circunstâncias que jamais ocorreram.

Por evidente, cabe aqui esclarecer, sob essa perspectiva específica, a distinção entre as falsas memórias e a mentira. Ontologicamente, a mentira consiste no ato de mentir, de dizer o que não corresponde à verdade, de promover um engano proposital, de falsear e iludir. No âmbito penal, a mentira ocorre quando uma pessoa, de maneira consciente e voluntária, fornece uma informação falsa acerca de um fato, objetos ou personagens, os quais sabidamente não ocorreram.

---

46 Elizabeth F. Loftus é professora de Psicologia e professora auxiliar de Direito na Universidade de Washington. Ela recebeu o PhD em Psicologia da Universidade de Stanford em 1970. Sua pesquisa concentra-se em memória humana, depoimento de testemunhas oculares e procedimentos de tribunal. Loftus publicou 18 livros e mais de 250 artigos científicos e serviu como especialista ou assessora em testemunhas em centenas de julgamentos, inclusive no caso de molestamento na pré-escola McMartin(2). Seu livro "Eyewitness Testimony" ganhou o National Media Award da Fundação Psicológica Americana.

Sob a ótica penal, a depender do grau de qualificação do sujeito processual, pode-se inclusive estar incorrendo em violação à administração da justiça, bem jurídico regularmente tutelado pelo ordenamento, refletido em comportamentos penalmente relevantes, descritos em artigos 339 (denunciação caluniosa), 340 (comunicação falsa de crime ou contravenção), 341 (autoacusação falsa) e 342 (falso testemunho ou falsa perícia), entre outros, todos do Código Penal.

Por outro lado, as falsas memórias consistem na evocação de informações errôneas, resultantes da contaminação dos processos cognitivos da própria memória humana. Trata-se de um mecanismo inato às etapas de memorização, cujas consequências ao processo penal podem ser desastrosas. Isso ocorre porque o ordenamento jurídico vigente é completamente silente no que diz respeito às repercussões processuais do testemunho ou do reconhecimento de um sujeito processual que, dotado da intenção de dizer a verdade, evoca uma informação errônea oriunda de falsas memórias.

É a lição de Vítor de Paula Ramos[47]:

> O âmbito jurídico, de uma forma geral, não considera que podem ocorrer erros honestos possíveis em um testemunho. Assim preocupa-se em demasia em garantir supostamente a sinceridade de um testemunho, deixando de avaliar a possibilidade, em si, de que o testemunho seja verdadeiro.

Nesse sentido, Loftus adverte que informações errôneas estão propensas a invadir nossas recordações, seja quando dialogamos com outras pessoas, seja quando assistimos a uma

---
47 RAMOS, 2021.

determinada cobertura dos meios de comunicação acerca de um evento por nós vivenciado[48].

Essas falsas memórias, acoplando-se a recordações verdadeiras, podem ser formuladas levando-se em conta dois aspectos primordiais, em que as informações errôneas são introduzidas por processos internos do próprio indivíduo (falsas memórias espontâneas) ou então quando são geradas pela introdução de uma sugestão inadvertida oriunda de um agente externo (falsas memórias sugestivas)[49].

Imagine-se aqui a hipótese da testemunha de um evento de roubo no interior de um estabelecimento comercial que, em sua perspectiva individual, visualizou o fato criminoso. Finalizado o incidente, ela passa a conversar com outras testemunhas ainda no interior do estabelecimento comercial. Logo depois, é entrevistada informalmente por policiais acionados ao local do crime. Em seguida, ela é submetida, já no interior de uma unidade policial, a uma série de perguntas por agentes responsáveis pela investigação. Por fim, e algum tempo depois, essa testemunha ainda é sabatinada durante a instrução processual em juízo, sendo instada a se recordar de todos os fatos, personagens e circunstâncias do referido evento criminoso.

Essa cadeia de eventos, à qual comumente é submetida uma testemunha na ritualística procedimental investigativa, tem o condão de potencialmente gerar uma série de falsas memórias acerca do caso penal, seja por fatores internos (falsas memórias espontâneas) ou mesmo a partir de uma interferência externa (falsas memórias sugestivas).

---

48 LOFTUS, 1997.
49 STEIN, Lilian; PERGHER, Giovanni. Criando falsas memórias em adultos por meio de palavras associadas. *In:* Psicologia: Reflexão e Crítica, 2001.

A maleabilidade da memória humana[50] permite a inserção de novas informações, sobretudo após a ocorrência do evento, que são agregadas à recordação original, de modo que a fusão desses elementos pode, no campo processual, levar a um resultado desastroso, com um depoimento ou um reconhecimento falso.

Nos EUA, o problema associado à criação de falsas memórias no sistema de justiça criminal restou demonstrado no caso John Jerome White, acusado de roubo e violação sexual, no ano de 1979. Segundo dados coletados pelo Innocent Project[51], a vítima, uma idosa de 74 anos, reconheceu, sem ter muita certeza, White como sendo o autor da ação criminosa em que foi vitimada, por intermédio de análise isolada de registro fotográfico em uma delegacia de polícia.

Com intuito de obter maior valoração probatória, os agentes responsáveis pela investigação fizeram um novo reconhecimento fotográfico, dessa vez alinhando a fotografia de White com a de outros suspeitos. Nesse segundo ato de reconhecimento, o acusado John Jerome White foi reconhecido com mais firmeza.

No curso do processo, John Jerome White, que sempre alegou inocência, foi novamente reconhecido pela vítima na fase de instrução judicial (e nessa terceira vez, sem sombra de dúvidas), sendo condenado. Após 22 anos de prisão, foi realizado um exame de DNA, confirmando-se a sua inocência. Para piorar toda a situação, a amostra genética ainda indicou que o real criminoso, na época da investigação, estava com sua fotografia incluída no rol de suspeitos alinhados no procedimento de reconhecimento fotográfico realizado.

---

50 SCOBORIA, Alan *et al*. *A mega-analysis of memory reports from eight peer-reviewed false memory implantation studies*. Memory, v. 25, 2017.

51 INNOCENCE PROJECT. John Jerome White. Disponível em: https://innocenceproject.org/john-jerome-white-cleared-by-dna-in-atlanta/. Acesso em: 25 de julho de 2023.

A recorrência de casos como esse desvela a necessidade de uma reconstrução da mentalidade dos atores do sistema de justiça criminal, bem como da ampliação do diálogo de fontes entre o processo penal e a Psicologia do Testemunho, de modo a estruturar métodos e protocolos seguros de coleta probatória, minimizando-se os efeitos das falsas memórias e sua influência nos resultados processuais.

Em síntese, três modelos teóricos distintos buscam explicar a ocorrência do fenômeno das falsas memórias. De acordo com a teoria construtivista[52], a memória constitui um sistema único, em que novas informações são interpretadas e ressignificadas, a partir de experiências prévias de cada indivíduo.

Segundo essa concepção, a memória seria um sistema único formado pela experiência original agregada por novas informações interpretadas a partir dela. Desse modo, a construção da memória estaria necessariamente e sempre permeada por transformações oriundas de experiências individuais prévias.

Outrossim, estudos científicos mais atuais[53] depõem contrariamente à consolidação desse sistema único de memória, na medida em que evidenciam que esses traços da memória original, mesmo após certo tempo, também podem ser recuperados.

A seu turno, a teoria dos esquemas parte do pressuposto de que a memória humana é composta por esquemas mentais, em que tudo que é armazenado decorre de ressignificação do ocorrido a partir das experiências pretéritas dos indivíduos. Para essa linha de pensamento, as falsas memórias ocorreriam a partir da inserção de novas informações ressignificadas à luz desses esquemas mentais do indivíduo.

---

52 BADDELEY, Alan. O que é a memória? *In:* BADDELEY, Alan *et al.* Memória. Porto Alegre: Artmed, 2011.
53 STEIN, Lilian. Falsas memórias: fundamentos científicos e suas aplicações clínicas e jurídicas. Porto Alegre: Artmed, 2010.

Por fim, a teoria dos traços difusos[54] (*fuzzy-trace theory*), ao contrário das demais, não contempla a ideia de sistema único de memória, mas sim trabalha com a ideia de dois sistemas: memória literal e memória de essência.

A memória de essência congrega os elementos mais essenciais e consistentes para determinado indivíduo, enquanto a memória literal contempla detalhes e percepções mais específicas, porém com maior potencial de esquecimento.

A partir da essência, as falsas memórias espontâneas decorrem de falhas de evocação da memória, em que um determinado indivíduo incorpora um elemento da memória de essência que, na realidade, não ocorreu.

Já as falsas memórias sugestivas resultam de erros provocados pela inserção inadvertida de novas informações, apresentadas após a ocorrência do evento, incorporadas de acordo com sua compatibilidade com a memória de essência, já que, nesse momento, a memória literal já se esvaiu.

Nesse contexto, crucial a lição de Mazzoni[55]:

> A memória não é reprodutiva. Ao contrário, está articulada a uma série complexa de processos – entre os quais aqueles relativos à atenção e à percepção, cujo papel é preponderante – mediante os quais informações são codificadas de modo fragmentado e distribuídas pelo cérebro. O hipocampo parece responsável pelos processos de codificação.

---

54 BRAINERD, Charles; REYNA, Valery. *Fuzzy-trace theory and false memory*. Arizona: Current directions in psychological sciences, 2002.

55 MAZZONI, Giuliana. Crimes, testemunhos e falsas recordações. Revista Viver Mente e Cérebro, São Paulo: Duetto, 2005.

E prossegue:

> A informação codificada, portanto, jamais será a cópia exata do que foi visto ou do que ocorreu. A recuperação efetuada pela memória pode ser resultado de processos de reconstrução, que reativam e criam informações de natureza episódica e semântica relevantes para o que se deseja lembrar. Essas informações são integradas entre si, e a recordação é o resultado final desta integração.

Portanto o fenômeno das falsas memórias denota uma dissociação da fonte original da recordação evocada, em que ela, seja por fatores internos (falsa memória espontânea) ou por influências externas (falsa memória sugestiva), cria uma nova memória acerca do evento, suas circunstâncias e seus personagens, que pode se demonstrar adulterada ou mesmo completamente falsa.

Por essa razão, é necessário ter em mente que testemunhas, vítimas e até mesmo suspeitos são completamente suscetíveis às falsas memórias. O diálogo e a intervenção sugestiva de outras pessoas, a repetibilidade de procedimentos de testemunhos ou reconhecimentos, a difusão de matérias jornalísticas ou fatos de repercussão constituem fatores que inegavelmente têm o potencial de alterar o registro de memória original.

Nesse ponto, com precisão cirúrgica nos ensina Loftus[56]:

> A informação enganosa tem o potencial de invadir nossas recordações quando falamos com outras pessoas, quando somos interrogados sugestivamente ou quando lemos ou vemos cobertura da mídia sobre um evento que podemos ter experienciado nós mesmos.

É fundamental que os profissionais da área jurídica, em especial aqueles que atuam na justiça criminal, conscientizem-se

---

56 LOFTUS, 1997.

acerca da necessidade de que o cenário processual não pode continuar operando à revelia desses mecanismos de funcionamento da memória humana, já que ela representa, sem sombra de dúvidas, o elemento central do Direito Probatório.

A produção probatória de elementos dependentes da memória humana, em especial o depoimento e o reconhecimento, deve necessariamente passar por um reexame, levando-se em conta, por um lado, o conhecimento acerca do funcionamento da memória humana e seus vetores de influência, e, por outra via, a adoção de protocolos e técnicas de coleta probatória adequados.

2.3 Capacidade humana de detecção de mentiras: mito ou verdade?

Ao longo dos séculos, a metodologia de apuração, processamento e julgamento de comportamentos selecionados como injustos penais sempre passou pela dicotomia verdade *versus* mentira.

No período medieval, auge do sistema inquisitorial, a busca da verdade real (ou divina) constituía o escopo primordial do processo penal, sendo a confissão o meio de prova considerado mais eficaz para seu alcance.

Ao longo dos anos, mesmo com a alteração da sistemática processual penal, sobretudo nas democracias ocidentais com destaque para a transversalização de postulados de direitos humanos, essa herança de busca de uma verdade no bojo da instrução criminal deixou cicatrizes ainda visíveis nos tempos atuais.

O canal dialético inicial entre o processo penal e a Psicologia do Testemunho, inclusive, guarda em suas raízes a necessidade de se buscar um embasamento científico para essa diferenciação entre verdade e mentira no campo técnico-jurídico.

Assim nos elucida Ferreira[57]:

> Na tentativa de alcançar a verdade em meio judicial surge, no século XIX, uma área científica denominada por Psicologia do Testemunho, aliando os saberes próprios da Psicologia aos poderes do Direito; a avaliação da credibilidade e fiabilidade dos depoimentos prestados em sala de audiência, bem como o reconhecimento das diferenças entre a verdade e a mentira constituem neste âmbito, as tarefas primordiais do psicólogo, fornecendo uma ferramenta essencial para a tomada de decisão do juiz e proclamação da sentença final.

No contexto atual, a detecção de mentiras constitui um ponto de relevo a ser aprofundado no espectro de estudo das provas dependentes da memória, sobretudo a partir de dois aspectos fundamentais.

O primeiro aspecto reside na mensuração da capacidade humana de detecção de mentiras, e o segundo, na confiabilidade de métodos e outros mecanismos, a partir de parâmetros dotados de comprovação científica, para a identificação eficaz de mentiras.

Cumpre inicialmente esclarecer que a mentira é um comportamento social frequente, refletida como uma habilidade ínsita à manutenção da convivência em sociedade[58]. De certo modo, pode-se afirmar que a mentira constitui um dos pilares da sociabilidade, de sorte que cerca de 30% das relações sociais são estruturadas com base em mentiras[59].

---

57 FERREIRA, Beatriz. Psicologia do Testemunho: Nos trilhos da mentira em busca da verdade. Dissertação de Mestrado em Psicologia Forense e da Exclusão Social Universidade Lusófona de Humanidades e Tecnologias, 2016.
58 COSTA, Pedro Eduardo Almeida. Comportamento verbal e não verbal de mentir e a detecção de mentiras. Dissertação de Mestrado em Análise do Comportamento, Universidade Estadual de Londrina, Londrina (PR), 2019.
59 VRIJ, Aldert. *Detecting lies and deceit*. Wiley, Chichester, England, 2000.

A seu turno, quando aqui tratamos da questão relacionada à detecção de mentiras no curso da persecução criminal, não estamos cuidando da confrontação de evidências obtidas por outros meios de provas, mas especificamente destes dois pontos cruciais: o ser humano tem a capacidade de detectar mentiras? Ou, então, existe algum método ou mecanismo cientificamente comprovado que ateste um comportamento mentiroso?

Em relação à capacidade humana de detecção de mentiras, cumpre reforçar que se trata de uma tarefa dificílima e que, sob o ponto de vista científico, não há um sinal específico capaz de operar como indicador seguro de um comportamento verdadeiro ou mentiroso[60].

Nesse campo, a taxa de sucesso na detecção de mentiras está intimamente associada ao grau de afinidade entre interlocutor e receptor. Isso ocorre porque a mentira, como um padrão comportamental inerente à própria sociabilidade humana, pode ser mais bem identificada a partir de uma repetição constante de certos parâmetros e modos de conduta.

Por essa razão, a taxa de sucesso na detecção de mentira de um filho para uma mãe tende a ser infinitamente superior quando comparada àquela entre pessoas desconhecidas. Em síntese, podemos simplificar que a capacidade humana de detecção de mentiras tem potencial elevado para pessoas de ampla convivência e, por outro lado, demonstra-se praticamente irrisória para pessoas desconhecidas, em que, neste último caso, os índices alcançados são muito próximos da sorte.

Entretanto é justamente a partir dessa premissa que surge um grande problema no cenário processual. Muitos atores jurídicos, em razão de sua larga experiência de atuação no sistema de justiça criminal, incorporam em sua autoconsciência serem

---

60 VRIJ, 2000.

dotados de uma *expertise* voltada para a detecção de mentiras em testemunhas, em vítimas e, principalmente, em suspeitos.

Por evidente, esses operadores jurídicos, em decorrência desse falso dimensionamento de sua capacidade, incorrem em erros procedimentais gravíssimos e que, sem dúvida, podem gerar implicações nefastas no resultado final da persecução criminal.

Desse modo, a partir de interpretações errôneas acerca de certos sinais não verbais, microexpressões faciais, cadência de narrativa ou mesmo outros comportamentos durante a produção probatória de um depoimento, esses profissionais confiam plenamente na sua capacidade de identificação de mentiras, prejudicando a valoração do elemento de prova.

É o que Ekman[61] denomina erro de Otelo, fazendo alusão à tragédia shakespeariana, em que o mouro de Veneza, com base em uma série de insinuações e sem prova robusta de traição, acaba tomado pelo ciúme e dá cabo à vida de sua amada Desdêmona, vindo posteriormente descobrir que jamais fora traído.

Toda essa condição ainda é agravada por outros fatores de influência. Quando um policial, um promotor de justiça ou mesmo um magistrado, acredita em sua capacidade de detecção de mentiras, tende a centrar seus esforços na identificação de sinais, comportamentos ou expressões faciais que confirmem a sua tese inicial. Isso ocorre em detrimento da elucidação dos fatos ou mesmo da obtenção de informações valiosas inerentes ao caso penal.

Este é o processo de influência que a Psicologia do Testemunho denomina de viés cognitivo[62], em especial o viés de

---

61 EKMAN, Paul. *Telling lies: Clues to deceit in the marketplace, politics and marriage.* New York: W.W. Norton, 1992.
62 Essa temática será abordada com maior profundidade no Capítulo 3.

confirmação, por meio do qual o ser humano apresenta uma tendência natural de confirmar suas próprias crenças e convicções.

Outro componente de influência, muito utilizado no meio policial, sobretudo quando se trata de interrogatório de suspeitos, é a adoção do protocolo Reid[63], cuja finalidade reside basicamente em quebrar a resistência de indivíduos suspeitos e obter a sua confissão.

O método Reid, muito difundido nas agências policiais norte-americanas, foi criado por volta de 1950, pelo agente do Departamento de Polícia de Chicago e psicólogo John Reid. Especialista na época em poligrafia, Reid desenvolveu um protocolo que mescla um ambiente de alta pressão para o suspeito, com momentos de alívio e empatia quando ele apresenta sinais indicativos de confissão.

O método congrega uma sequência de etapas, em que inicialmente o policial realiza uma análise comportamental do suspeito. Caso identifique a existência de algum indício mentiroso, deflagra as etapas seguintes, com um interrogatório mais severo e contundente, podendo-se valer de técnicas desonestas como declarações falsas, ameaças de penas mais duras, manipulações psicológicas e outros meios enganosos, com a finalidade de obter a confissão.

Um estudo realizado por Gudjonsson[64] revela que a técnica Reid pode acarretar confissões falsas por diversos motivos. Porém o eixo gravitacional da utilização desse protocolo apresenta, como ponto de partida, a premissa de que o investigador tenha a crença de que o suspeito é culpado, ou seja, estamos mais uma vez diante do viés de confirmação, fenômeno atestado pela Psicologia do Testemunho e que nitidamente reduz a capacidade

---

63 GUDJONSSON, Gisli Hannes. *The Psychology of Interrogations and Confessions: A Handbook*. Hoboken, NJ: John Wiley & Sons, 2003.

64 *Ibid.*

de processamento cognitivo no âmbito da atividade de investigação criminal.

Como segundo aspecto de relevo, a ser analisado à luz da Psicologia do Testemunho, tem-se a constatação, no campo científico, por evidente, do grau de eficácia e confiabilidade e certos mecanismos e métodos supostamente detectores de comportamentos mentirosos.

Aqui, estaremos tratando de mecanismos como observação de comportamento, poligrafia, microexpressões faciais, movimentos oculares e linguagem não verbal, sempre guiados a partir das seguintes premissas, quais sejam, o embasamento científico e a eficácia comprovada na detecção de mentiras.

A poligrafia, técnica inaugurada no início do século XX, tem a sua difusão como instrumento detector de mentiras em época contemporânea ao recrudescimento do Positivismo, como corrente filosófica de pensamento. Esse momento histórico, para além de contribuir na inserção de uma lógica de medição, típica do pensamento positivista, coincide com as novas correntes da Psicologia Comportamental, em especial a linha behaviorista[65], que associa o comportamento humano como um produto resultante do binômio estímulo-resposta.

A concepção da poligrafia consiste em correlacionar determinadas respostas fisiológicas – como, por exemplo, atividade respiratória, frequência cardíaca, respostas galvânicas da pele e até mesmo eletroencefalografia – com a identificação de comportamentos mentirosos.

A ideia central da utilização do polígrafo consiste em mensurar essas respostas fisiológicas, realizadas por meio de determinados estímulos, partindo-se da concepção de que

---

[65] STRAPASSON, Bruno Angelo; ARAÚJO, Saulo de Freitas. O behaviorismo clássico. São Paulo: Hogrefe, 2021.

comportamentos mentirosos e verossímeis apresentam respostas fisiológicas diferentes.

Para se ter uma ideia, na China Antiga, suspeitos mentirosos eram obrigados a mastigar farinha de arroz e, em seguida, cuspir. Depois, verificava-se o grau de umidade do produto, e, caso estivesse seco demais, isso significaria um decréscimo na produção de saliva e, portanto, estaria identificado um comportamento mentiroso[66].

Independentemente da evolução e de outros mecanismos de poligrafia, a grande questão reside no fato de que esse método depende única e exclusivamente da aceitação lógica de sua premissa primordial, ou seja, a alteração das respostas fisiológicas quando comparados comportamentos mentirosos e verdadeiros.

E é justamente aí que se instala o grande problema: não há qualquer embasamento científico que assegure a diferenciação desse padrão de respostas, nem mesmo um método de aferição de eficácia de sua utilização.

Ou seja, suspeitos culpados podem apresentar o mesmo padrão fisiológico de resposta; e, por outra via, suspeitos inocentes podem apresentar distinção nos parâmetros utilizados. Assim, o indivíduo inocente pode apresentar o mesmo padrão de responsividade do indivíduo culpado[67].

Em um estudo recente[68], no qual foram revisadas diversas publicações científicas sobre a poligrafia, restou demonstrada a

---

66 DAVIES, Graham; BEECH, Anthony. *Forensic Psychology: Crime, Justice, Law, Interventions*. Reino Unido: BPS Blackwell, 2012.
67 QUEIRÓS, Cristina. A influência das emoções em contexto de julgamento ou de testemunho. *In:* POIARES, Carlos Alberto. Manual de Psicologia Forense e da Exclusão Social: rotas de investigação e de intervenção. Lisboa: Edições Universitárias Lusófonas (2012).
68 IACONO, William; BEN-SHAKHAR, Gershon. *Current status of forensic lie detection with the comparison question technique: An update of the 2003 National Academy of Sciences report on polygraph testing.* Law and Human Behavior (2019).

ineficácia do polígrafo para a detecção de mentiras, sugerindo-se, a exemplo da recomendação de instituições como a National Academy of Sciences (NAS) e a American Psychological Association (APA), a não utilização da poligrafia em interrogatórios.

Outro mecanismo associado ao potencial de detecção de mentiras denomina-se observação de comportamento ou análise comportamental.

Esse método, inclusive utilizado na etapa inicial do protocolo Reid, consiste na observação de determinados indicadores de comportamento de pessoas suspeitas, como, por exemplo, desvios no olhar, narrativa entrecortada, postura corporal retraída, entre outros.

Esses comportamentos, segundo a metodologia de análise comportamental, estariam associados a um maior grau de estresse de pessoas suspeitas, quando comparadas a pessoas inocentes. A partir daí, inicialmente seria estabelecido um diálogo com temas neutros, visando a captura de um padrão de base (*baseline*), o qual, posteriormente, seria confrontado com possíveis variações ao longo do interrogatório, permitindo-se a suposta identificação de comportamentos mentirosos.

Mais uma vez, os estudos científicos[69] demonstram que esses indicadores não podem ser considerados eficazes em processos de detecção de mentiras, pois não há como diferenciar a *baseline* e comportamentos estressores em indivíduos com narrativa verdadeira ou falsa.

Por sua vez, o método de análise de microexpressões faciais tem ocupado um lugar de destaque, sobretudo a partir de seu impulsionamento no campo da ficção, com séries e filmes

---

[69] VRIJ, Aldert. *Baselining as a Lie Detection Method. Applied Cognitive Psychology*. United Kingdom: University of Portsmouth (2016).

policiais em plataformas de *streaming* de renome internacional, como "Lie to Me" e "How to Get Away With Murder".

Nesse cenário, parte-se do princípio de que uma microexpressão facial pode indicar um determinado estado emocional que certo sujeito está tentando ocultar. É a hipótese, por exemplo, de um suspeito que, quando questionado por um policial se conduzia um veículo no local da cena de um crime, emite uma resposta negativa, mas, ao mesmo tempo, exibe uma microexpressão facial compatível com medo ou apreensão.

Essa contradição entre a resposta verbal e a não verbal, por meio da interpretação de uma microexpressão facial[70], evidenciaria um comportamento mentiroso do suspeito, indicando o seu estado emocional de nervosismo diante da suposta possibilidade de ser descoberto pela investigação do órgão policial.

Contudo a questão que se impõe é a mesma: qual é a eficácia, cientificamente demonstrada, desse mecanismo de detecção de mentiras? Em um primeiro momento, cabe ressaltar que um comportamento mentiroso pode estar acompanhado de potentes descargas emocionais, como medo, ansiedade, nervosismo, raiva ou mesmo uma mera excitação. Porém esses estados emocionais podem ser reprimidos ou mesmo dissimulados[71]. Por essa razão, não existe um parâmetro seguro capaz de atestar de forma conclusiva que uma determinada microexpressão facial, indicativa de certo estado emocional, revela necessariamente um comportamento mentiroso[72].

Cumpre esclarecer que os atores do sistema de justiça criminal, ou mesmo as pessoas comuns, tendem a esperar que

---

70 EKMAN, Paul. *Lie catching and microexpressions.* In: *The Philosophy of Deception.* London: Oxford University Press, 2009.
71 PORTER, Stephen; TEN BRINKE, Leanne. *The truth about lies: What works in detecting high-stakes deception?* Legal and criminological Psychology, v.15, 2010.
72 VRIJ, 2016.

suspeitos com comportamentos mentirosos apresentem, de alguma forma, uma microexpressão facial ou mesmo uma determinada postura indicativa de seu real estado emocional. Todavia a própria ocorrência ou exteriorização desses sinais apresentam-se comprometidas, na medida em que dependem de múltiplas circunstâncias que variam de indivíduo para indivíduo[73].

Diante da ausência de comprovação científica que possa associar com eficácia uma determinada microexpressão facial, decorrente de um estado emocional, a um comportamento mentiroso, passa-se a adotar, no ambiente processual, a crença baseada na experiência individual do próprio responsável pela gestão probatória.

Assim, um investigador, ou mesmo um magistrado, que porventura utilize essa técnica, centra sua atividade em identificar uma microexpressão facial que denota um certo tipo de nervosismo ou desconforto, pois ele acredita (erroneamente) que essa exteriorização representa uma pista infalível de que a pessoa está mentindo[74].

Apesar de sua popularidade no âmbito profissional criminal, alimentado pela crescente onda de filmes e séries na ficção, a análise de microexpressões faciais não comporta nenhum parâmetro confiável para detecção de mentiras, sendo uma prática refutada cientificamente.

Nesse contexto, três constatações são fundamentais: 1) não há meios para diferenciar, pela observação de microexpressões faciais, relatos mentirosos de relatos verdadeiros[75]; 2) a grande variedade de microexpressões faciais e sua ampla diversidade

---

[73] DE PAULO, Bella M.; LINDSAY, James J.; MALONE, Brian E.; MUHLENBRUCK, Laura; CHARLTON, Kelly; COOPER, Harris. *Cues to deception. Psychological Bulletin*, 2003.

[74] MEMON, Almina; VRIJ, Aldert; BULL, Ray. *Psychology and Law: Truthfulness, Accuracy and Credibility*. Hoboken, New Jersey: John Wiley & Sons, 2003.

[75] CECCONELLO, Willian W.; BERNARDES, Mônica; STEIN, Lilian. Existe o efeito Pinóquio na Detecção de Mentiras? *In:* Denis Sampaio (org). Manual do Tribunal do Júri: a reserva democrática da justiça brasileira . Florianópolis: Emais Editora, 2010.

sociocultural de significantes impede a correta e eficaz associação entre comportamentos sinceros e enganosos[76]; 3) indivíduos treinados para identificar microexpressões faciais têm o mesmo desempenho na detecção de mentiras de pessoas comuns.[77]

Diante desse quadro, não há embasamento científico para emprestar eficácia aos mecanismos de observação de microexpressões faciais no campo da detecção de mentiras, sendo, portanto, inexequível depositar mínima fiabilidade probatória nesse método.

Por fim, o estudo de desvios oculares também aparece no rol de técnicas para suposta detecção de comportamentos mentirosos, presentes em algumas doutrinas e treinamentos para agentes policiais. Por meio desse mecanismo, a suposta identificação de comportamentos mentirosos estaria associada ao desvio ocular à direita (considerando uma pessoa destra) ou mesmo à evitação de contato visual com seu interlocutor.

Um estudo elaborado pelo psicólogo Richard Wiseman[78], da Universidade de Hertfordshire, no Reino Unido, analisou a associação entre os desvios oculares e situações inverossímeis. Sob ponto de vista científico, não foi encontrada qualquer correlação entre desvios oculares e comportamentos mentirosos, concluindo-se que o exame de rastreio ocular (*eye tracking*) não tem eficácia comprovada para detecção de mentiras.

Outro mecanismo, inclusive bastante difundido no meio policial, reside na crença de que suspeitos com comportamentos mentirosos desviam o seu olhar do interlocutor (*gaze aversion*). Contudo, nesse caso, esse tipo de desvio de olhar está associado

---

76 MEMON; VRI; BULL, 2003.
77 JORDAN, Sara; BRIMBAL, Laure; WALLACE, Brian; KASSIN, Saul; HARTWIG, Maria; STREET, Chris. A test of the micro-expressions training tool: Does it improve lie detection? Journal of Investigative Psychology and Offender Profiling, 2019.
78 WISEMAN, Richard; WATT, Caroline; TEN BRINKE, Leanne; PORTER, Stephen; COUPER, Sara Louise; RANKIN, Calum. The Eyes Don't Have It: Lie Detection and Neuro-Linguistic Programming. Germany: University of Muenster, 2012.

a múltiplos significantes e circunstâncias, como, por exemplo, a hipótese de uma pessoa desviar seu olhar para outra direção com a finalidade de facilitar um maior esforço cognitivo para recordar determinado episódio, ou mesmo de otimizar a sua concentração, evitando distrações no ambiente[79].

Com efeito, os recentes estudos acerca de desvios oculares não obtiveram um suporte científico necessário para habilitar esse mecanismo como seguro e eficaz na detecção de mentiras. De modo geral, as pesquisas científicas mais recentes demonstraram que todos esses mecanismos baseados em métodos de interpretação de sinais ou formas de comunicação não verbais demonstraram-se completamente inócuos, no que tange à sua eficácia e validação para identificar comportamentos mentirosos.

Mesmo povoando o senso comum ou então o imaginário de profissionais do sistema de justiça criminal, estudos específicos demonstraram que agentes policiais treinados com técnicas de detecção de mentiras a partir de observação de sinais não verbais obtiveram um resultado aleatório na identificação de comportamentos enganosos em suspeitos[80], não tendo uma diferenciação significativa quando comparados a pessoas comuns[81].

---

79 DOHERTY-SNEDDON, Gwyneth; PHELPS, Fiona. Gaze aversion: *A response to cognitive or social difficulty? Memory & cognition*, 2005.
80 BOND, Charles; DEPAULO, Bella. Accuracy of deception judgments. *Personality and Social Psychology Review*, 2006.
81 MANN, Samantha; VRIJ, Aldert; BULL, Ray. *Detecting True Lies: Police Officers' Ability to Detect Suspects' Lies. Journal of Applied Psychology*, 2004.

CAPÍTULO 3

PROVAS DEPENDENTES DA MEMÓRIA: DIÁLOGO DE FONTES E CONSTRUÇÃO METODOLÓGICA

3.1 Princípios Méndez e metodologia para investigações eficazes

No trajeto dos capítulos anteriores, demonstramos o estágio atual, no tocante ao tratamento jurídico dispensado às provas dependentes da memória no âmbito do sistema de justiça criminal, bem como o seu impacto no resultado da persecução penal. Destacamos os mecanismos de funcionamento da memória humana e seus vetores de influência, bem como tratamos das falácias referentes à mítica capacidade humana de detecção de mentiras.

A partir desse momento, cumpre ampliar o diálogo de fontes entre a Psicologia do Testemunho e as ciências penais, com a finalidade de agregar conhecimento técnico-científico voltado para a estruturação de metodologias eficazes de coleta probatória.

Assim, antes mesmo de ingressar no estudo dos protocolos e técnicas atualmente consideradas como sendo de grande eficácia para produção probatória dos depoimentos e reconhecimentos, cabe dimensionar um conjunto de postulados orientadores teórico-metodológicos, denominados Princípios sobre Entrevistas Eficazes para Investigação e Coleta de Informações, ou simplesmente (e como de nossa predileção) Princípios Méndez[1].

---

[1] *Principles on Effective Interviewing for Investigations and Information Gathering*, maio de 2021. Disponível em: www.interviewingprinciples.com. Acesso em: 26 nov. 2024.

Em um primeiro plano, torna-se imperioso ressaltar que esse conjunto de princípios denota uma homenagem ao professor Juan Ernesto Méndez[2] e toda a sua brilhante jornada política e acadêmica na luta antitortura e pela preservação dos direitos humanos.

Os Princípios Méndez representam a fusão de uma série de experiências obtidas por uma grande diversidade de países, cujas agências de segurança pública e investigação criminal adotam modelos e protocolos de técnicas de entrevista que, a um só tempo, respeitam os direitos humanos e otimizam a coleta de informações confiáveis para a atividade de investigação criminal.

Eles foram elaborados por mais de 80 especialistas em investigação criminal, aplicação da lei, Psicologia, segurança nacional, forças armadas, inteligência e criminologia, representantes de cerca de 40 países distintos. Trata-se, portanto, de um conjunto de boas práticas que precisa ser difundido e universalizado em nível internacional, entre as mais diversas agências do sistema de justiça criminal, sendo dotado de um imenso potencial para auxílio na construção de um arcabouço normativo, com embasamento científico adequado e hábil a obter uma produção probatória eficaz.

Ao todo, representam um conjunto de seis princípios, em que cada um deles comporta uma série de diretrizes capazes de nortear uma produção probatória eficaz, dotada de amparo técnico-científico, fruto de robustas pesquisas e desenvolvimento de técnicas por renomados especialistas em investigação criminal ao redor do mundo.

A utilização dos Princípios Méndez tem essa dupla funcionalidade, na medida em que condensam a otimização na coleta

---

2   Juan Ernesto Méndez é ex-relator especial das Nações Unidas sobre Tortura e diretor do corpo docente da *Anti-Torture Initiative*, na American University Washington College of Law.

de informações confiáveis no campo das provas dependentes da memória com a observância e proteção do sistema internacional de direitos humanos.

Além disso, fortalecem a confiabilidade no sistema de justiça criminal, a partir da adoção de protocolos e métodos cientificamente comprovados, realizadas por profissionais da área de investigação criminal tecnicamente habilitados.

A seu turno, os Princípios Méndez têm amplo espectro de atuação, pois suas diretrizes podem ser adequadas aos diversos sistemas normativos de diferentes países, envolvendo a adaptação de protocolos próprios de entrevista investigativa em todas as esferas.

Cuida-se aqui de um modelo que pode ser aplicado em casos penais simples ou complexos, abrangendo coleta probatória de vítimas, testemunhas e suspeitos, realizados por agentes com atuação na área de investigação criminal, inteligência ou mesmo operações táticas, já que comportam protocolos sequenciais, com início desde o primeiro contato com as pessoas potencialmente aptas à produção de uma prova de depoimento ou reconhecimento, até o desfecho de todo o procedimento no âmbito técnico-jurídico.

São eles[3]: fundamento (Princípio 1: entrevistas eficazes são instruídas pela ciência, pela lei e pela ética), prática (Princípio 2: entrevistas eficazes constituem um processo abrangente para coletar informações precisas e confiáveis, implementando-se as salvaguardas jurídicas correspondentes), vulnerabilidade (Princípio 3: entrevistas eficazes requerem identificar e abordar as necessidades de pessoas entrevistadas em situação de vulnerabilidade), treinamento (Princípio 4: entrevistas eficazes

---

3 *Principles on Effective Interviewing for Investigations and Information Gathering*, maio de 2021, obtido em: www.interviewingprinciples.com. Acesso em: 26 nov. 2024

constituem uma atividade profissional que requer formação específica), responsabilização (Princípio 5: entrevistas eficazes demandam instituições transparentes e responsáveis) e implementação (Princípio 6: a implementação de entrevistas eficazes requer medidas nacionais robustas).

O fundamento, princípio inaugural desse rol de postulados (Princípio 1: entrevistas eficazes são instruídas pela ciência, pela lei e pela ética), é denominado dessa forma, justamente por realçar a necessidade de que essa atividade de coleta de provas dependentes da memória seja realizada com o devido suporte técnico-científico. Nesse campo, o conhecimento científico há de ser o núcleo duro e intangível para a adoção de técnicas comprovadamente eficazes e o abandono de métodos obsoletos e desprovidos de qualquer embasamento comprovado.

No capítulo anterior, ao cuidarmos do funcionamento da memória humana e seus vetores de influência, também abordamos a ineficácia de métodos coercitivos, baseados em detecção de mentiras ou mesmo com interpretação de sinais não verbais. Há uma unanimidade cientificamente comprovada na absoluta ineficácia desses mecanismos.

Por outro lado, recentes pesquisas[4,5] da Psicologia do Testemunho têm assegurado que a utilização de métodos como o *rapport*, a estruturação de perguntas e o estímulo ao livre relato tem a capacidade de ampliar significativamente a obtenção de informações valiosas e idôneas, otimizando-se a capacidade humana de recuperação da memória.

---

[4] INBAU, Fred; REID, John; BUCKLEY, Joseph; JAYNE, Bryan. *Criminal Interrogation and Confessions*. Massachusetts: Jones & Bartlett Publishers, 2011.
[5] BULL, Ray BLANDÓN-GITLIN, Iris. *The Routledge International Handbook of Legal and Investigative Psychology*. UK: Routledge, 2019.

O segundo princípio (Princípio 2: entrevistas eficazes constituem um processo abrangente para coletar informações precisas e confiáveis, implementando-se as salvaguardas jurídicas correspondentes) aborda a prática, em que se pode redimensionar a atividade de produção de provas dependentes da memória.

Esse procedimento não constitui uma atividade isolada, mas sim envolve uma complexa cadeia de ações, com vistas a proporcionar a coleta de informações valiosas e confiáveis, voltadas para a otimização e fiabilidade da persecução penal.

Como já demonstrado, a coleta de um depoimento ou um ato de reconhecimento demanda um esforço cognitivo gigantesco de uma vítima, testemunha ou mesmo de um suspeito. Não se trata aqui de um mero ritual jurídico-procedimental, mas de uma interação entre um profissional do sistema de justiça criminal e uma outra pessoa, cujo resultado envolve atividades e elementos inerentes não só às ciências penais, mas também (e principalmente) à memória, cognição, aprendizagem e comunicação.

Por essa razão, a coleta probatória abarca etapas de preparação e planejamento, estabelecimento de *rapport*, estruturação de um ambiente adequado, além da utilização de diferentes técnicas e tipologias de perguntas cientificamente eficazes, checagem de evidências e confrontação de hipóteses alternativas do caso penal, entre outras.

Ademais, deve-se atentar à fiel observância de direitos e garantias fundamentais, cujas implicações podem variar a depender do *status* da pessoa na sua correlação com o caso penal objeto da investigação.

Por sua vez, o terceiro princípio (Princípio 3: entrevistas eficazes requerem identificar e abordar as necessidades de pessoas entrevistadas em situação de vulnerabilidade) aborda a vulnerabilidade, ou seja, a necessária compreensão de que toda pessoa submetida a esse tipo de atividade é uma pessoa em situação de vulnerabilidade.

Com efeito, vítimas, testemunhas ou mesmo suspeitos, quando da realização desses procedimentos de coleta probatória, encontram-se em situação de desconforto emocional, e, além disso, há ainda um desequilíbrio natural decorrente das relações de poder ali encerradas (poder estatal x indivíduo).

Ao revés, a produção de provas dependentes da memória, verificada na etapa de recuperação dos processos de memorização, por evidente, demanda um esforço cognitivo das pessoas e, por isso, depende de uma estabilidade e controle do estado emocional.

Para além dessa vulnerabilidade natural, há de se reconhecer que certas pessoas ainda devem ser qualificadas por um estado de alta vulnerabilidade, sendo destinatárias de direitos e condições especiais, cujos cuidados haverão de ser observados pelas autoridades responsáveis.

Essas elevadas vulnerabilidades são observadas em situações de incremento de risco em função da classificação etária (crianças, adolescentes e idosos), questões de gênero e orientação sexual, condições étnicas, religiosas e culturais, deficiências físicas ou psicológicas, dificuldades de comunicação e compreensão, entre outras.

O quarto princípio (Princípio 4: entrevistas eficazes constituem uma atividade profissional que requer formação específica) abrange o treinamento, isto é, a necessária qualificação técnica dos agentes do sistema de justiça criminal, para fins de aplicação das técnicas e protocolos no âmbito da produção das provas dependentes da memória.

Por óbvio, não há como se falar em utilização de métodos e técnicas eficazes para coleta de depoimentos e reconhecimentos sem pontuar a exigência de qualificação e treinamento dos agentes responsáveis por sua implementação. Nesse campo, torna-se imperioso que os operadores do sistema de justiça criminal, em especial aqueles que atuam nas etapas de investigação criminal, sejam submetidos a um treinamento adequado, voltado para a compreensão de aspectos do funcionamento da memória e seus vetores de influência; a conscientização acerca de modelos obsoletos e desprovidos de cientificidade; os meios de planejamento e preparação; o estabelecimento de um *rapport* adequado; a utilização de técnicas e a tipologia de perguntas adequadas; as estratégias de checagem e de revelação de evidências; entre outros aspectos.

Ademais, esses profissionais devem ser submetidos a processos de requalificação e educação continuada, com o objetivo de manter um aprimoramento profissional de excelência. Isso propicia uma produção probatória em alto nível e compatível com os avanços de estudos e pesquisas no campo da Psicologia do Testemunho, bem como as inovações tecnológicas adequadas.

O quinto princípio (Princípio 5: entrevistas eficazes demandam instituições transparentes e responsáveis) reporta-se à responsabilização. Ela estabelece que as instituições integrantes do sistema de justiça criminal devem implementar, em seus processos de controle interno e governança, uma série de medidas de prevenção e controle da atividade profissional.

Transparência e responsabilização constituem postulados inerentes à imagem institucional, aumentando a confiança do público e da sociedade em geral na corporação e na administração do próprio sistema de justiça. Nesse sentido, a manutenção de registros, o acesso à informação e a estruturação orgânica de sistemas de controladoria e ouvidoria constituem um caminho viável para a exequibilidade do presente postulado.

Por fim, o sexto princípio (Princípio 6: a implementação de entrevistas eficazes requer medidas nacionais robustas) comporta a implementação. Ele reflete a necessidade de que os Estados adotem medidas e processos regulatórios, viabilizando, em sua dimensão político-administrativa, os meios adequados para a consecução da atividade profissional à luz das diretrizes cientificamente comprovadas.

Cabe ao órgão estatal assumir o compromisso com esse binômio necessidade-utilidade, de modo a reconhecer a urgente demanda em se implementarem condições políticas e jurídicas adequadas aos meios de coleta probatória de depoimentos e reconhecimentos, sem se olvidar do respeito e da proteção dos direitos humanos.

No caso brasileiro, andou bem o legislador ao promulgar a Lei nº 13.341, de 4 de abril de 2017, cujo teor impõe, no âmbito do sistema de proteção integral aos direitos da criança e do adolescente, a obrigatoriedade de realização de depoimento especial e escuta especializada para crianças e adolescentes vítimas ou testemunhas de crime. Em síntese, ratifica que o protocolo deve ser realizado por agentes capacitados, em espaço adequado, com gravação em sistema de áudio e vídeo e utilização de metodologia de entrevista investigativa.

No mesmo sentido, a Resolução nº 484, de 19 de dezembro de 2022, do Conselho Nacional de Justiça (CNJ), estabelece as diretrizes básicas para realização de procedimentos de reconhecimentos de pessoas em procedimentos e processos judiciais no âmbito do Poder Judiciário.

Apesar de louváveis, constituem medidas que ainda carecem de uma implementação robusta, sendo necessário o engajamento das autoridades constituídas e do poder público em todas as esferas.

Diante do exposto, cumpre finalizar com as palavras do professor Juan Méndez[6]:

> Estes Princípios sobre Entrevistas estão baseados no rigor científico e em décadas de experiência de investigadores criminais. Melhoram a eficácia e precisão da coleta de provas e previnem os erros judiciais provocados pela tortura e pela coação à confissão. São concebidos para proteger os direitos fundamentais das pessoas suspeitas de crime, bem como das vítimas e testemunhas, e para aumentar a confiança cívica nas forças de segurança.

3.2 Técnicas de entrevista investigativa com vítimas, testemunhas e suspeitos

As provas dependentes da memória, em especial o depoimento e o reconhecimento, representam, no cenário jurídico brasileiro, o mais rotineiro e volumoso conjunto de elementos probatórios da persecução criminal em geral.

Nesse contexto, um evento criminoso, presenciado por uma vítima, por uma testemunha, ou mesmo por um suspeito, contempla um agrupamento de recordações, vivências e lembranças acerca de fatos, objetos e personagens integrantes do caso penal.

A atividade de investigação criminal enseja, por óbvio, um processo de reconstrução histórico-lógica desse caso penal, voltado para a constatação de elementos vestigiais de autoria e materialidade delitiva, em diferentes níveis de cognição probatória.

A prova penal de depoimento está vinculada a uma atividade de descrição de cenários, ações, objetos e personagens. Por

---

6 *Principles on Effective Interviewing for Investigations and Information Gathering*, 2021.

sua vez, a prova penal de reconhecimento está ligada, basicamente, à atividade de identificação de personagens. Alerta-se, aqui, que depoimento e reconhecimento constituem de atividades cognitivas distintas, oriundas de registros situados em regiões cerebrais diferentes e que, portanto, demandam esforços de recuperação específicas.

A fiabilidade probatória, traduzida como garantia da origem, natureza, idoneidade, coleta e preservação do elemento de prova (depoimento ou reconhecimento), emerge como pilar central dessa atividade de produção probatória, considerado como o axioma basilar da cadeia de custódia.

A seu turno, a Psicologia do Testemunho, na condição de campo de saberes, estabelece um diálogo primordial, ao centrar seus esforços e pesquisas nas áreas de cognição, memória e aprendizado, com o processo penal, a fim de proporcionar subsídios científicos sólidos para essas modalidades de produção probatória.

Dessa forma, impensável é a realização de atividades profissionais, em especial no campo da investigação criminal, desprovida desse suporte técnico-científico que nos permite compreender os mecanismos de funcionamento da memória humana e seus vetores de influência, desmistificar o potencial do homem no campo da detecção de mentiras e, principalmente, estruturar uma metodologia eficiente para coleta de informações confiáveis e seus processos de recuperação de memória.

Existem diversas técnicas e modelos de entrevista investigativa, como, por exemplo, recriação de contexto, relato livre, *rapport*, mudança de perspectiva, mudança de ordem, entre outras[7]. Todos esses métodos encontram-se voltados para uma

---

7   MILNE, Rebecca; BULL, Ray. *Investigative interviewing: psychology and practice*. Chichester: Wiley, 1999.

coleta probatória mais eficaz, são cientificamente comprovados e dotados de alto grau de confiabilidade, prestando-se a otimizar os processos de obtenção de informações úteis para a investigação criminal.

Contudo, antes mesmo de adentrar as técnicas de entrevista cognitiva e as especificidades de cada uma dessas modalidades, cumpre destacar três premissas consideradas essenciais: o *status* da pessoa no contexto do caso penal, a irrepetibilidade das provas dependentes da memória e os vieses de cognição.

Em relação ao posicionamento do sujeito no caso penal, cumpre destacar que a qualidade de vítima, testemunha ou suspeito apresenta, como ponto de partida, o fato de que a produção probatória, que efetivamente ocorrerá na etapa de recuperação da memória, vincula-se a processos cognitivos similares. Essa etapa exige que o entrevistador tenha conhecimento acerca das etapas de memorização e dos vetores de influência que possam interferir na coleta de informações idôneas e relevantes para a persecução criminal.

Uma outra consideração importante reside na distinção quanto à cooperatividade do sujeito. Por evidente, vítimas e testemunhas tendem a ser mais colaborativas quando comparadas a suspeitos. Então, o profissional da área de investigação penal, na definição do protocolo a ser adotado e nas suas estratégias de coleta de evidências, deve estar atento para essa característica, ou seja, o grau de colaboração do sujeito.

Noutro giro, cumpre aqui realçar que, de um modo geral, os depoimentos de vítimas e testemunhas, conduzidos por agentes do campo jurídico-penal, apresentam-se voltados para coleta de informações e identificação de suspeitos do caso penal. Por outro lado, o depoimento de suspeitos centra-se tradicionalmente na busca de confissão.

Em razão disso, ao longo de muitos anos, acreditava-se que métodos de interrogatório baseados em táticas de algum tipo de pressão ou artifícios dissimulados surtiam efeito na obtenção de confissão de suspeitos. Entre inúmeros exemplos, já inclusive abordamos em capítulo anterior o método Reid[8], considerado no passado a "bíblia do interrogador".

É imprescindível esclarecer, com supedâneo técnico-científico da Psicologia do Testemunho, que essas técnicas aplicadas a interrogatório de suspeitos, para além de desrespeitar garantias jurídico-constitucionais que podem dar azo a nulidades no campo do processo, não surtem qualquer efeito.

Pelo contrário, como já realçado no capítulo anterior, a recuperação da memória (e isso, frise-se, é uma premissa válida para qualquer tipo de depoente) necessita de esforços cognitivos e, por evidente, está sujeita a distorções a depender de fatores como decurso temporal, estado emocional, atenção e concentração, entre outros aqui já abordados. Por essa razão, os protocolos de entrevista investigativa, no que diz respeito à estruturação de etapas sucessivas para otimização desse processo de recuperação da memória, devem guardar certa similitude.

A grande diferença entre o depoimento de uma vítima ou testemunha, quando comparado ao de um suspeito, estará na adoção de diferentes estratégias de confrontação e checagem de evidências, já que não se deve negar que os objetivos, dentro do contexto investigativo, são obviamente distintos, a depender da qualidade do depoente no caso penal.

Uma segunda questão muito importante remonta ao sistema de valoração probatória, comumente atribuído ao depoimento, sobretudo no âmbito da investigação preliminar. Não

---

8 MOSCATELLI, Lívia Yuen Ngan. Considerações sobre a confissão e o método Reid aplicado na investigação criminal. Revista Brasileira de Direito Processual Penal, 2020.

se pretende estabelecer um debate acerca de questões jurídicas, como, por exemplo, os limites às garantias da presunção de inocência ou mesmo aos distintos graus de aplicabilidade de contraditório e ampla defesa ao longo da persecução criminal (essa questão, inclusive, já foi por nós enfrentada em outra obra)[9].

Pelo contrário, até porque essa questão transcende o campo jurídico e aqui será (como há de ser) enfrentada à luz da Psicologia do Testemunho. Antes de qualquer coisa, é preciso deixar uma mensagem bem clara: as provas dependentes da memória (leia-se, em especial, o depoimento e o reconhecimento) devem ser consideradas como **PROVAS IRREPETÍVEIS**!

Nosso sistema processual penal, justamente permeado pela estrutura bifásica da persecução criminal, adota uma sistemática de classificação de provas em antecipadas, cautelares e repetíveis, de modo que as provas dependentes da memória recebem, no âmbito jurídico-doutrinário, o enquadramento nesta última modalidade.

Essa classificação, amplamente consolidada no meio jurídico e desprovida de critérios mínimos de cientificidade, implica a geração de um círculo vicioso, com depoimentos e reconhecimentos sucessivos, desprovidos de qualquer protocolo técnico e realizados em diferentes lapsos temporais, contribuindo-se, assim, para os processos de contaminação de prova e aumento de incidência de falsas memórias.

É comum, por exemplo, a realização de uma entrevista informal da vítima por policiais no local do crime, seguida de um depoimento formal na delegacia, durante a fase de investigação preliminar (o qual, inclusive, pode ser repetido em recortes

---

9 RANGEL, Carlos Eduardo. Poder punitivo, democracia e polícia judiciária: reflexões contemporâneas sobre a atividade de investigação criminal. Rio de Janeiro: Freitas Bastos, 2020.

temporais posteriores) e, meses ou até anos depois, um novo depoimento da vítima em sede de instrução judicial.

A situação agrava-se muito nas hipóteses em que a prova testemunhal é a única ou mesmo revela-se crucial para a resolução do caso penal.

Adite-se que, no modelo atual, uma testemunha acessa o conteúdo de informações retidas na memória, transforma-o em linguagem verbal, e, em seguida, o produto final ainda é manufaturado em linguagem escrita. Ou seja, a prova penal é a resultante de três decodificações distintas, em uma só operação procedimental e, por si só, completamente distinta da evidência original.

Com efeito, a classificação de provas dependentes da memória como repetíveis constitui um erro histórico do processo penal. Essa rotulação destoa completamente dos avanços das pesquisas científicas no campo da Psicologia do Testemunho, bem como desconsidera um aspecto fundamental: os processos de memorização e seus vetores de influência.

No campo da memória e do aprendizado, os mecanismos de percepção de cena; a relevância de fatores como atenção, visualização e excitação; as situações clínicas de estresse pós-traumático; os fenômenos de falsas memórias e reminiscências; a maleabilidade da memória humana; o decurso temporal; entre outros aspectos; são completamente ignorado ao se atribuir às provas dependentes da memória a classificação de prova repetível.

Interessante pontuar que, segundo entendimento consolidado previsto no enunciado nº 435 da súmula do Superior Tribunal de Justiça (STJ), o "mero decurso do tempo" não constitui, de forma isolada, uma justificativa para produção antecipada de provas.

Ora, ao tratarmos da etapa de armazenamento da memória, ressaltamos que o esquecimento, como efeito natural do processo de memorização, constitui um fator natural de deterioração e perda de nitidez das informações retidas, assim como eleva o potencial de contaminação a partir da inserção de falsas memórias.

Ao se evocar um registro de memória, seja por meio de um depoimento, ou mesmo por um ato de reconhecimento, a maleabilidade da memória humana na etapa de recuperação tem a capacidade de agregar novas informações à recordação original, podendo-se acarretar, a depender do teor dessas novas informações, um prejuízo imensurável à idoneidade da prova[10].

Experimento interessante[11] demonstra a influência do relato de cotestemunhas quanto à produção probatória. Aqui, um grupo de pessoas participantes do estudo assistiu a um vídeo que mostrava o roubo de um veículo automotor, realizado por um criminoso careca e sem tatuagem. Após a visualização do fato, um pesquisador infiltrado no grupo do experimento conversava com as pessoas e informava que o autor do crime teria uma tatuagem no pescoço. Em um terceiro estágio, após duas semanas, o grupo foi instado a reconhecer suspeitos alinhados, sendo que a taxa de sucesso foi apenas de 34%, ou seja, a grande maioria das pessoas submetidas ao estudo, tendo em vista a informação repassada pela falsa testemunha (autos com tatuagem no pescoço), reconheceu o suspeito errado, vindo a indicar uma pessoa inocente pelo fato de ter tatuagem no pescoço.

---

10 BADDELEY, Alan. *Essentials of human memory*. London: Psychology Press, 2013.
11 EISEN, Mitchell L. *et al*. "*I think he had a tattoo on his neck*": how co-witness discussions about a perpetrator's description can affect eyewitness identification decisions. *Journal of Applied Research in Memory and Cognition*, 2017.

Por evidente, toda memória recuperada corresponde ao somatório do registro inicial com outras informações acrescentadas após a ocorrência do evento (*post-event information*). A questão central aqui reside no fato de que, em razão da maleabilidade da memória humana, a repetição sequencial dos procedimentos probatórios (depoimento ou reconhecimento) enseja uma elevada taxa de contaminação nos registros originais.

Contudo isso não significa que a produção dessa modalidade de prova não possa ser realizada em novas oportunidades. Pelo contrário, um novo depoimento pode agregar novas informações valiosas e também confiáveis, desde que, repise-se, utilizado um protocolo cientificamente validado e realizado por um profissional devidamente capacitado.

Então se conclui que as provas dependentes da memória devem ser consideradas irrepetíveis e, em caso de eventual necessidade de renovação, que ela seja sempre realizada por um profissional tecnicamente habilitado com a utilização de protocolo cientificamente validado.

A terceira e última questão relevante, antes de tratarmos das técnicas e protocolos de entrevista investigativa, decorre do impacto dos vieses cognitivos. O objetivo aqui consiste em entender o que são vieses cognitivos e como eles repercutem no campo da investigação criminal, em especial na produção de provas dependentes da memória.

Pois bem, todos os seres humanos, de um modo geral, têm seu cotidiano permeado por diversos processos de tomadas de decisão e, por vezes, algumas decisões a serem tomadas têm maior complexidade e envolvem a ponderação de múltiplas variáveis e possibilidades de resultados.

Ocorre que, justamente nesses processos de tomada de decisão, a atividade de cognição humana apresenta desvios sistemáticos, mesmo em nível inconsciente, de modo a carrear suas decisões com a influência de fatores de experiência pessoal, político-ideológicos, culturais ou outros circunstanciais[12].

Esses desvios é que justamente recebem a denominação de vieses cognitivos. O impacto dos vieses nas diversas atividades humanas, com especial destaque para sua influência nas tomadas de decisão no campo jurídico, congrega um estudo multidisciplinar entre a Biologia, a Neurociência, a Etologia, a Economia Comportamental e a Psicologia.

Em função de tomadas de decisão vinculadas a atividades complexas – como, por exemplo, a prolação de uma sentença, o indiciamento de um investigado ou mesmo a decretação de uma medida de cautelaridade – a cognição humana produz esses desvios sistemáticos, como se fossem atalhos mentais, e, por influência de fatores de ordem pessoal, política, ideológica ou até mesmo de costumes, adotam-se soluções permeadas por essas ingerências.

Tecidas essas considerações, pergunta-se: é possível um magistrado prolatar uma sentença a partir de critérios técnico-normativos puros? É possível que um investigador policial elabore uma linha de investigação baseada em critérios estritamente racionais?

A resposta que se impõe é obviamente negativa, já que todos sofremos a influência de vieses cognitivos, mesmo que em nível inconsciente[13]. Existe uma série de vieses cognitivos, entre os quais podem ser citados, resumidamente: o viés de memória, caracterizado pela tendência em lembrarmos com maior frequência de informações de nosso interesse; o viés de

---

12 EPSTEIN, Lee; LANDES, William M.; POSNER, Richard A. *The Behavior of Federal Judges: a theoretical and empirical study of rational choice.* Cambridge: Harvard University Press, 2013.
13 BARON, Jonathan. *Thinking and Deciding.* Cambridge: Cambridge University Press, 2008.

julgamento, refletido na nossa tendência de formar opiniões com base em informações incompletas ou parcialmente errôneas; o viés de expectativa, traduzido como sendo aquele por meio do qual nutrimos expectativas irrealistas ou de pouca probabilidade de acontecer.

Contudo, tratando-se especificamente da produção de provas dependentes da memória, o viés cognitivo de maior relevância é, sem dúvida, o viés de confirmação[14]. O viés de confirmação reflete uma tendência cognitiva natural de buscar elementos que confirmem as nossas teses, as nossas crenças e os nossos valores. Também denominado na literatura científica como *myside bias*, o viés de confirmação apresenta uma dupla faceta, qual seja, a tendência de buscar argumentos que sustentam as nossas crenças e, simultaneamente, de refutar alegações que as contrariem[15].

No campo jurídico, em especial na atividade processual penal, a influência do viés de confirmação implica a supervalorização de evidências que corroborem a linha de investigação em que determinado ator jurídico considera como verdadeira e na desvalorização ou mesmo descarte de outras evidências que eventualmente refutem a possibilidade de hipótese diversa ao caso penal.

É o caso, portanto, de um investigador policial que, no curso da apuração de um crime em que ele acredita ser o suspeito A o autor da ação criminosa, supervaloriza todas as evidências que confirmam a sua crença e, ao mesmo tempo, tende a ignorar ou descartar todos os demais elementos indiciários que rechaçam a hipótese creditada por ele.

---

[14] MERCIER, Hugo; SPERBER, Dan. *The Enigma of Reason*. Massachusetts: Harvard University Press, 2017.

[15] PLATT, Michael. *Neural correlates of Decision-Making*. In: *Better than Conscious? Decision Making, the Human Mind, and Implications for Institutions*. Cambridge, Massachusetts: MIT Press, 2008.

Esse fenômeno, na literatura científica, recebe a denominação de visão de túnel[16]. A visão de túnel é o efeito resultante do viés de confirmação, de modo que, em uma investigação criminal, como acima mencionado, o investigador tende a priorizar elementos de prova que atestem a sua linha de investigação e ignorar outros que, porventura, sejam indicativos de outra hipótese do caso penal.

Por meio desse efeito, passa-se também a interpretar e decodificar determinados fatos e circunstâncias de modo a corroborar a linha de investigação acreditada como certa, bem como desenvolver uma memória altamente seletiva, voltada para maior potencial de captação de informações que confirmem sua tese.

Frise-se que a ocorrência de vieses cognitivos apresenta-se intimamente vinculada à cognição humana, e, por essa razão, todos nós estamos sujeitos à sua influência.

Outrossim, cientes da existência desse fenômeno, compete a nós profissionais da área de investigação promover meios e ferramentas que atuem na redução desses efeitos prejudiciais, conforme será demonstrado adiante.

Com efeito, cabe agora ingressar nas técnicas e métodos de entrevista investigativa, cuja aplicação, a partir do suporte da Psicologia do Testemunho, possibilita a produção de evidências criminais dependentes da memória em um patamar de cientificidade, trazendo luz ao Direito Probatório e, principalmente, otimizando a atividade de investigação criminal.

As técnicas de entrevista investigativa congregam a reunião de um conjunto de conhecimentos técnico-científicos interdisciplinares, promovendo uma interlocução entre o Direito

---

16   HASELTON, Martie; NETTLE, Daniel; MURRAY, Damian. *The Evolution of Cognitive Bias*. In: BUSS, David M. (org.). *The Handbook of Evolutionary Psychology*. New Jersey: Wiley, 2016.

Processual Penal e os diversos campos das ciências cognitivas que atualmente desenvolvem pesquisas sobre memória, cognição, comunicação e aprendizagem.

É importante ressaltar, desde já, que a correta utilização dessa metodologia de produção probatória eleva em cerca de 500%[17] a obtenção de informações idôneas e confiáveis, no campo da atividade de investigação criminal.

Durante a produção de provas dependentes da memória, a pessoa entrevistada, seja ela uma vítima, uma testemunha ou mesmo um suspeito, há de mobilizar diversos processos cognitivos, por meio dos quais irá relatar, recordar, identificar e até mesmo mentir, acerca de fatos, circunstâncias, objetos e personagens do caso penal objeto da investigação criminal.

Por essa razão, torna-se impensável, nesse ponto, qualquer dissociação da atividade de investigação com o campo técnico-científico. Nos dias atuais, não há mais espaço para processos obsoletos ou empirismos.

Para a realização dessa atividade probatória, é essencial que todos os atores jurídicos compreendam minimamente os mecanismos de funcionamento da memória humana, os seus vetores de influência e as suas implicações na produção de um depoimento ou de um reconhecimento.

Especificamente para os integrantes das carreiras de polícia judiciária, em função de sua primordial atuação na área de investigação criminal, torna-se fundamental consolidar estratégias de obtenção de informações, com a finalidade de sedimentar

---

[17] LAMB, Michael; ORBACH, Yael; HERSHKOWITZ, Irit; ESPLIN, Phillip; HOROWITZ, Dvora. *A structured forensic interview protocol improves the quality and informativeness of investigative interviews with children: A review of research using the NICHD Investigative Interview Protocol. Child abuse & neglect*, 2007.

elementos indiciários de autoria e materialidade delitiva em um caso penal.

Em relação aos métodos conservadores de produção probatória, as técnicas de entrevista investigativa apresentam-se como uma metodologia altamente eficaz, na medida em que melhoram a qualidade da coleta de dados na investigação; preservam a fiabilidade da prova ao reduzir contaminações nos processos cognitivos de recuperação da memória; estabelecem protocolos cientificamente confiáveis de produção de provas dependentes da memória; e utilizam técnicas como o *rapport* e o relato livre, potencializando a obtenção de informações confiáveis.

Saliente-se que a entrevista investigativa comporta técnicas cientificamente validadas, baseadas em evidências comprovadas por anos de pesquisas da Psicologia do Testemunho[18].

Em diversos países, a execução de entrevistas investigativas encontra-se estruturada a partir de protocolos, que condensam de certa forma um conjunto de técnicas e métodos cientificamente validados, a fim de nortear a atividade de produção probatória.

O Reino Unido, por exemplo, utiliza o protocolo denominado sob o acrônimo PEACE, um dos primeiros de entrevista investigativa, que, em um segundo momento, foi adaptado para países como Canadá, Austrália e Brasil. Por sua vez, a Noruega utiliza um outro protocolo, intitulado KREATIV. Há ainda outros protocolos, como o NICDH (Protocolo de Entrevista Estruturada do National Institute of Child and Health Human Development), RATAC (Protocolo de Entrevista Forense da Organização Não Governamental Corner House), NCAC (Protocolo de Entrevista Forense e Entrevista Forense Estendida da Organização Não Governamental National Children's Advocacy Center), entre outros.

---

18   MILNE; BULL, 1999.

Independentemente do protocolo a ser utilizado, ocorre que todos eles condensam métodos e técnicas devidamente organizados em etapas sequenciais. Por essa razão, bem como visando conferir maior didática na difusão teórico-metodológica da entrevista investigativa, optou-se aqui por percorrer essas etapas, esclarecendo, em cada uma delas, seu conceito, papel, relevância e opções técnicas de desenvolvimento.

Com efeito, variações metodológicas também devem ocorrer a partir da condição do entrevistado, já que podemos estar diante de uma testemunha, de uma vítima ou de um suspeito, que podem, inclusive, ter perfis distintos (colaborativo e não colaborativo). Ademais, os objetivos de uma coleta probatória de vítimas e testemunhas serão, por óbvio, diferentes dos do procedimento com suspeitos.

O ponto central reside no fato de que, mesmo diante de mudanças de nomenclatura ou mesmo de utilização de técnicas, a espinha dorsal de uma entrevista investigativa deverá comportar o trajeto adiante assinalado. Nesse trajeto, podemos assinalar cinco etapas sequenciais distintas, porém interligadas, que representam um protocolo seguro de coleta de provas dependentes da memória. São elas: planejamento e preparação (etapa 1), *rapport* (etapa 2), relato livre (etapa 3), clarificação (etapa 4) e fechamento (etapa 5).

A primeira etapa abrange o planejamento e a preparação da entrevista investigativa. Esta etapa para fins de sua organização, comporta uma subdivisão, levando-se em conta dois importantes eixos dessa atividade, sendo um deles sob o aspecto intelectual, e o outro, sob a perspectiva estrutural. Dessa forma, o planejamento e a preparação intelectual englobam dois fatores principais: o estudo do caso penal e a análise de perfil do entrevistado.

O estudo do caso penal diz respeito ao que denominamos de propósito investigativo. Aqui, reúnem-se dimensões referentes ao tipo de informação a ser coletada e como ela se correlaciona com as demais provas já produzidas; reflexões acerca das diferentes linhas de investigação e suas hipóteses alternativas; uso e manejo estratégico de evidências; tipos de perguntas que devem ser realizadas e definição dos principais pontos de interesse da investigação criminal acerca da coleta de provas dependentes da memória.

No mesmo sentido, também é preciso avaliar o perfil do entrevistado, ou seja, reunir dados pessoais dele; definir seu *status* no contexto investigativo (vítima, testemunha ou suspeito? colaborativo ou não colaborativo?); analisar o tipo de linguagem a ser utilizada (formal ou informal); verificar se o entrevistado apresenta alguma vulnerabilidade ou condição especial (crianças e adolescentes; idosos; mulher em situação de violência; pessoa com deficiência verbal, auditiva ou cognitiva; estrangeiro com necessidade de intérprete; entre outros) e avaliar a importância dele no contexto investigativo.

A seu turno, o planejamento e a preparação também englobam uma perspectiva estrutural, em que se torna primordial o cuidado com o local da entrevista, bem como a prévia seleção dos insumos necessários para a operacionalização da coleta probatória.

Nesse contexto, algumas ponderações tornam-se relevantes, sobretudo quando tratamos da realização desses procedimentos em sede policial. Como já abordado no título inicial, ao tratarmos do funcionamento da memória humana, vimos que a produção dessa modalidade probatória está vinculada à realização de múltiplos esforços cognitivos por parte do entrevistado.

Por essa razão, um ambiente confortável, reservado, silencioso e isento de distrações pode contribuir para a otimização da memória a ser recuperada. Não podemos esquecer que os seres humanos têm atenção limitada e que alterações do estado emocional, como estresse, ansiedade e nervosismo, constituem vetores de influência que afetam a recordação.

Ademais, o respeito à privacidade, para além de um direito fundamental, corolário da própria dignidade da pessoa humana, aumenta a empatia e a cooperatividade, firmando-se como um potente vetor de otimização dos processos cognitivos de recuperação da memória.

Imagine-se o caso de uma mulher em situação de vulnerabilidade, que resolve romper o ciclo de violência denunciando as atrocidades cometidas diariamente por seu companheiro agressor. O que dizer sobre uma criança vítima de violência sexual, ou um suspeito de homicídio que decide confessar a autoria e as circunstâncias de cometimento do crime?

Qualquer que seja a hipótese, sob o ponto de vista das ciências cognitivas, a estruturação de um ambiente adequado, confortável, reservado, silencioso e isento de distrações potencializa, sem sombra de dúvidas, uma coleta probatória idônea e eficaz.

O segundo aspecto do planejamento e preparação estrutural centra-se na reunião de todos os insumos necessários para a realização da atividade probatória. Por evidente, uma coleta probatória eficiente demanda, para além de um ambiente adequado, a seleção prévia de todos os equipamentos necessários à sua execução. Cuida-se aqui da reunião de insumos como cadeiras, mesa, computador, sistemas de gravação, caneta, bloco de anotações, lenço de papel, água, café, e o atendimento de outras necessidades especiais.

Quando se trata de crianças, por exemplo, um ambiente com componentes lúdicos, ou mesmo com material de desenho, pode auxiliar na implementação de uma esfera de conforto e confiabilidade, ou até mesmo contribuir para técnicas de recriação de contexto.

De mesmo modo, uma vítima que – eventualmente tomada por um abalo emocional – passa a chorar durante o depoimento pode ter seu vínculo de confiança reforçado a partir do simples oferecimento de um lenço de papel. Ademais, esse gesto colabora para a retomada da estabilização do estado emocional, fator essencial para a atividade cognitiva de recuperação da memória.

Nessa linha, a disponibilidade de um copo de água ou mesmo de uma xícara de café constitui-se em ação dotada de similar efeito, otimizando a produção probatória. Um estudo realizado pela Universidade de Yale[19] atesta que o ato de segurar uma xícara de bebida quente (como café ou chá) promove boas sensações e aumenta a confiança de uma pessoa em relação a estranhos.

Por essa razão, a oferta de uma xícara de café, por exemplo, a uma testemunha, ou até mesmo a um suspeito colaborativo, gera um aumento na confiança que potencializa a obtenção de informações confiáveis em um depoimento.

Outro componente importante nessa etapa são as cadeiras. Para além de proporcionar o máximo conforto na medida do possível, recomenda-se que as cadeiras sejam iguais, estejam em um mesmo nível e em posição de 115 graus (posição 13:50 pm).

A adoção desse posicionamento possibilita maior conforto à pessoa entrevistada, na medida em que permite que ela olhe

---

19 BARGH, John. O cérebro intuitivo: os processos inconscientes que nos levam a fazer o que fazemos. Tradução: Paulo Geiger. Rio de Janeiro; Objetiva, 2020.

para o entrevistador sempre que julgar conveniente e, a um só tempo, desvie o olhar para aumentar seu poder de concentração.

Há também uma importante orientação[20] para que se preserve, entre entrevistador e entrevistado, uma distância de 45 cm a, no máximo, 120 cm, regulagem esta utilizada para conversas reservadas.

Outrossim, quando se trata de planejamento e preparação de uma entrevista investigativa, em sua perspectiva estrutural, existe um insumo que, inevitavelmente, assume o protagonismo dessa etapa: o sistema de gravação audiovisual. Trata-se aqui de um insumo fundamental para a atividade de coleta de provas dependentes da memória, com inúmeros benefícios à cadeia de custódia e ao sistema processual penal.

Em primeiro lugar, destaque-se que a gravação em sistema de áudio e vídeo preserva a natureza e a idoneidade da evidência em seu formato original, ou seja, a linguagem verbal. Ademais, permite capturar todas as interações entre investigador e entrevistado, desde a forma de realização de perguntas até as respostas e reações, evitando-se desvios de informações e multiplicidade de interpretações.

Mesmo que ainda amplamente utilizada, sobretudo aqui no Brasil, a redução de um depoimento a termo escrito representa uma dupla decodificação da linguagem, vez que tem início com a manifestação verbal do entrevistado, que, em seguida, passa por uma filtragem cognitiva do investigador e só depois deságua na transformação para o código escrito.

Com acerto, a Lei nº 13.431, de 4 de abril de 2017, ao dispor sobre o depoimento especial de crianças e adolescentes

---

20 SHEPHERD, Eric; GRIFFITHS, Andy. *Investigative interviewing*: The conversation management approach. London: Oxford University Press, 2021.

vítimas ou testemunhas de crimes, reconhece, com espeque em seus artigos 11 e 12, a importância da gravação audiovisual na produção dessa modalidade probatória, garantindo-se, assim, a preservação, a idoneidade, a fiabilidade e a transparência das provas dependentes da memória.

Em um outro giro, a gravação em sistema audiovisual permite que o investigador concentre-se na atividade de produção da prova, analise com mais tranquilidade todas as informações obtidas, bem como agrega um fator de proteção contra falsas acusações de abuso, coerção ou violações de direitos.

Por sua vez, o sistema de gravação audiovisual possibilita que o entrevistado faça seu relato com mais tranquilidade e segurança, de forma livre e sem interrupções que eventualmente possam atrapalhar seus esforços cognitivos de recuperação da memória.

Em recente estudo[21], foi realizada uma pesquisa exploratória confrontando depoimentos policiais escritos com as gravações audiovisuais, em diferentes agências policiais do Reino Unido. O resultado alcançado demonstrou a presença de erros e inconsistências em todas as amostras examinadas, sejam decorrentes de omissões de uma afirmação (de 4,76% a 51,81%), de distorções de uma afirmação realizada (de 1,85% a 19,28%) ou então de introdução de novas informações não verificadas no relato original (25%).

De um modo geral, o resultado das pesquisas, indicando a extrema discrepância entre os relatos escritos e sua forma verbal originária, reforça nossa convicção acerca da imperiosa relevância da utilização de um sistema de gravação audiovisual

---

[21] MILNE, Rebecca; NUNAN, Jordan; HOPE, Lorraine; HODGKINS, Jemma; CLARKE, Colin. *From Verbal Account to Written Evidence: Do Written Statements Generated by Officers Accurately Represent What Witnesses Say? Front Psychol*, 2022.

como ferramenta essencial para a coleta de provas dependentes da memória.

Finalizando a primeira etapa de um processo de entrevista investigativa, constata-se que um bom planejamento e preparação envolve, sobretudo dois aspectos, um de natureza intelectual (propósito investigativo e análise de perfil do entrevistado) e outro de natureza estrutural (ambiente adequado e insumos).

Por sua vez, a segunda etapa de uma entrevista investigativa denomina-se construção de *rapport*, ou simplesmente *rapport*. Essa etapa contempla uma série de ferramentas e recursos voltados para o estabelecimento de uma comunicação eficaz. Ontologicamente, o termo deriva de uma palavra francesa (*rapporter*), que significa "criar um vínculo; estabelecer uma relação".

A construção do *rapport*[22] remonta ao estabelecimento de um vínculo de cooperatividade e engajamento entre o investigador e a pessoa entrevistada, com o objetivo de promover um ambiente favorável à coleta de informações, bem como à sintonia do estilo de comunicação.

Cuida-se aqui do desenvolvimento de habilidades comportamentais, em prol da criação de uma comunicação favorável e de uma relação empática entre sujeitos, permitindo-se maior fluidez do relato.

Por evidente, como estamos diante de uma competência comportamental, essas habilidades são passíveis de treinamento e aprimoramento contínuos, já realizados em diversos campos profissionais, como, por exemplo, nas áreas de *marketing*, vendas e gestão estratégica de pessoas.

---

22   ABBE, Alison; BRANDON, Susan. *The Role of Rapport in Investigative Interviewing: A Review. Journal of Investigative Psychology and Offender Profiling*, 2012.

Mesmo pouco conhecido no ambiente jurídico, as técnicas de *rapport* têm-se revelado como uma das mais importantes ferramentas no campo das ciências cognitivas, em especial no que tange à sua interface com o sistema de justiça criminal. Por essa razão, diversas agências de investigação criminal têm gradativamente incorporado e aprimorado a utilização do *rapport*[23] em seus protocolos de coleta de provas dependentes da memória, sobretudo em função dos inegáveis e cientificamente comprovados avanços obtidos.

Nesse contexto, frise-se que, por inúmeros motivos, pessoas submetidas a procedimentos técnicos como depoimento ou reconhecimento, sejam elas vítimas, testemunhas ou suspeitos, podem não se sentir à vontade diante de um delegado de polícia, de um promotor de justiça, de um magistrado ou de outro ator processual.

Do mesmo modo, o próprio ambiente, seja uma unidade policial ou mesmo um tribunal, inevitavelmente constitui um fator agregado ao desconforto que é relembrar informações acerca de um evento criminoso.

Nervosismo, estresse, ansiedade, desconforto, entre outros fatores, integram um complexo de sensações muito presente nesse tipo de atividade probatória, fato que pode trazer consequências nefastas à coleta de provas dependentes da memória.

Estudos da Psicologia do Testemunho aplicados a interrogatórios de suspeitos de terrorismo indicam que, quanto mais

---

23 ALISON, Lawrence John; ALISON, Emily; NOONE, Geraldine; ELNTIB, Stamantis; CHRISTIANSEN, Paul. *Why tough tactics fail, and rapport gets results: Observing rapport-based interpersonal techniques (ORBIT) to generate useful information from terrorists*. Psychology, Public Policy and Law, 2013.

utilizadas as técnicas de *rapport*, maior a taxa de sucesso na obtenção de informações fidedignas e confiáveis[24].

Por meio das técnicas de *rapport* pretende-se justamente mitigar esses aspectos desfavoráveis à atividade cognitiva de recuperação da memória, promover a redução do nível de agentes estressores na pessoa a ser entrevistada e otimizar o fluxo de comunicação, propiciando um ambiente estimulante à obtenção de informações relevantes ao caso penal. A construção de um bom *rapport* representa uma etapa fundamental para a viabilização de uma coleta probatória idônea.

Diversas teorias no campo científico definem o que é o *rapport*, como, por exemplo, a teoria da cortesia (*politeness theory*), amplamente utilizada em pesquisas na área comercial, especialmente com consumidores. Contudo, em se tratando especificamente a atividade de investigação criminal, a teoria tripartida de Tickle-Degnen e Rosenthal emerge como sendo a mais amplamente difundida.

Essa teoria define o *rapport* como um complexo de comportamentos verbais e não verbais, estruturados com base em três elementos principais: atenção mútua, positividade e coordenação. Outrossim, para fins didáticos e mais adaptáveis à prática investigativa cotidiana, podemos dimensionar o *rapport*, a partir desse mesmo aporte teórico-metodológico, destacando-se, porém, os principais escopos de sua implementação no âmbito da relação investigador-entrevistado.

Assim, o conjunto de técnicas para construção do *rapport* pode ser sintetizado em três ações ou macro-objetivos: estabilizar, engajar e explicar. Desta forma, todos os pilares da teoria tripartida (atenção mútua, positividade e coordenação)

---

24 ALISON Lawrence John *et al*. ORBIT: *The Science of Rapport-Based Interviewing for Law Enforcement, Security, and Military*. USA: Editora Oxford University Press, 2021.

serão demonstrados ao longo da técnica do *rapport*. Todavia nosso fio condutor sempre estará nos três macro-objetivos (estabilizar-engajar-explicar).

Inicialmente, a estabilização dialoga com a necessidade de redução dos níveis de tensão do entrevistado. Ora, sabemos que a coleta de provas dependentes da memória está umbilicalmente atrelada à realização de esforços cognitivos. Nesse sentido, qualquer espécie de tensionamento, resultante de múltiplas fontes, constitui um vetor de influência negativo que precariza a recordação de um registro de memória. Aqui se torna necessária a criação de uma relação respeitosa e empática desde o primeiro contato do investigador com a pessoa entrevistada.

No campo da Psicologia Clínica, a construção dessa relação empática e harmônica recebe a denominação de aliança terapêutica[25], e foi justamente a partir desse conceito trazido à investigação criminal que o *rapport* foi incorporado como técnica eficaz para coleta de provas dependentes da memória.

Essas pesquisas científicas comprovam que terapeutas com uma postura de atenção, empatia e acolhimento tornavam seus pacientes mais confortáveis, cooperativos e confiantes ao longo do tratamento, o que, por óbvio, cria um ambiente mais favorável e potencializa os processos de recuperação da memória.

Por isso, recomenda-se que o investigador inicie a abordagem com sua apresentação pessoal, de modo bem receptivo, imediatamente seguida da solicitação do nome do entrevistado e de como ele gostaria de ser chamado. É cientificamente validado que esse gesto reduz o estágio de tensão, aumenta o conforto do entrevistado e potencializa sua cooperatividade.

---

25 HORVATH, Adam; DEL RE, Aaron. FLÜCKIGER, Christoph; SYMONDS, Dianne. *Alliance in individual psychotherapy*. Washington: Psychotherapy, 2011.

A manutenção de um ambiente organizado e acolhedor, que respeite a privacidade do entrevistado, bem como o oferecimento de uma água, café ou chá (etapa de planejamento e preparação), também contribui para a estabilização do campo emocional do entrevistado.

É preciso que o investigador demonstre acessibilidade, por meio de uma comunicação inicial empática e assertiva, com uma postura corporal aberta, além de expressão facial e entonação de voz agradáveis. Trata-se aqui de personalizar a entrevista, fazendo bom uso dessas técnicas que potencializam a confiabilidade e estabelecem um vínculo inicial de cooperatividade.

O segundo pilar estruturante do *rapport* é o engajamento, por meio do qual o investigador consegue fomentar o compartilhamento de informações pelo entrevistado. Esse padrão comportamental pode ser facilmente alcançado a partir do desenvolvimento de certas posturas atitudinais do investigador, em especial a atenção mútua, a positividade e a empatia.

Na execução da entrevista investigativa, trabalhar com atenção mútua significa demonstrar interesse no relato e nas necessidades do entrevistado. A manutenção do contato visual, a promoção de uma escuta ativa e solidária, a indicação de reciprocidade com sinais não verbais positivos (ex.: aceno de cabeça, postura corporal aberta), a utilização de estimuladores verbais neutros (ex.: "aham", "entendo", "compreendo", "algo mais?"), tudo isso engloba técnicas de construção de *rapport*, que, por sua vez, potencializam o grau de confiança do entrevistado, estimulam o compartilhamento de informações e aumentam a fiabilidade probatória[26].

---

26 TICKLE-DEGNEN, Linda; ROSENTHAL, Robert. *The nature of rapport and its nonverbal correlates.* Psychol Inquiry, 1990.

Por sua vez, a positividade tem como objetivo fortalecer a criação de um ambiente favorável, estabelecendo um canal de comunicação empático e respeitoso. Nesse ponto, para efetivação da positividade, torna-se essencial a introdução de temas neutros (ex.: falar sobre o clima, sobre o trânsito, perguntar se o entrevistado conseguiu chegar bem ao local do depoimento) ou identificar tópicos de interesse comum (ex.: se o entrevistado fala sobre a vitória de seu time de futebol ou mesmo sobre um fato público da comunidade local, o investigador pode investir em um diálogo empático sobre esse tema).

O desenvolvimento de um canal empático de comunicação, iniciado a partir de temas neutros ou tópicos de interesse comum, em um momento preambular e antes de ingressar no caso penal, reforça o vínculo de confiança e engajamento do entrevistado, além de reduzir seu nível de tensão emocional.

Ademais, a introdução inicial de tópicos neutros também estimula o entrevistado a compartilhar informações. É como se o investigador estivesse realizando um aquecimento, um treinamento prévio de ajuste e sintonia do canal de comunicação para otimização da coleta de informações sobre o caso penal, a serem obtidas nas etapas subsequentes do protocolo técnico[27].

Esse clima favorável e a manutenção de uma comunicação empática iniciam-se no *rapport*, mas estendem-se por todo o protocolo de entrevista investigativa, sendo fundamentais para a utilização das técnicas de potencialização de recuperação da memória.

Por fim, o terceiro e último macro-objetivo do *rapport* é explicar ao entrevistado as razões e importância de seu

---

[27] LINO, Denis Victor; BERNARDES, Mônica; CECCONELLO, William Weber; DOS SANTOS, Natália Sierota. O Rapport como técnica para obtenção de informações em Entrevistas Investigativas. Revista Brasileira de Segurança Pública, 2023.

depoimento, esclarecer como será desenvolvido o procedimento de coleta probatória, informar acerca de direitos, deveres e outros trâmites legais.

A memória ativada durante o procedimento de recordação sobre um evento traumático – como, por exemplo, um crime – representa, por si só, uma situação desconfortável para o entrevistado e, indubitavelmente, constitui um potencial fator de risco para obtenção de informações úteis à investigação.

Vítimas ou testemunhas em situações traumáticas, ou até mesmo suspeitos não colaborativos, podem apresentar extrema dificuldade em seus relatos, na medida em que a tarefa de recuperação da memória em muito se parece com uma viagem, em que o entrevistado será, mais uma vez, transportado para aquele cenário, carreado de elevada descarga emocional.

Em virtude disso, para além da estabilização emocional e da criação de um vínculo de cooperatividade, o profissional responsável pela coleta probatória, ainda na etapa do *rapport*, deverá explicar ao entrevistado todas as razões e etapas procedimentais da entrevista investigativa.

Nesse momento, torna-se essencial que seja transmitida ao entrevistado a importância de sua presença e de seu depoimento para a solução do caso penal ("Eu sou o delegado responsável por esse caso, trabalho há mais de 20 anos com a área de investigação. Sei que é um fato difícil, mas é muito importante que você me relate todo o ocorrido, pois isso vai ajudar muito o meu trabalho").

Importante reforçar ao entrevistado que ele é quem tem as informações, pois se encontrava no local quando do acontecimento do fato criminoso. E ainda, que ele deve relatar tudo de que se recordar quanto ao caso, mesmo que recorde apenas parcialmente, mesmo que ache que o investigador já saiba ou mesmo que julgue um determinado fato desimportante. ("Era você quem estava lá, e eu preciso que você me ajude, seu relato é muito importante e vai me ajudar a entender melhor o ocorrido. Diga-me tudo em detalhes, mesmo que você recorde apenas parcialmente, eu estou aqui para ouvi-lo. Pode relatar com tranquilidade, no seu tempo").

Essas regras precisam ser expostas de forma clara ao entrevistado. Ele deve entender que cada detalhe de seu relato é importante e que precisa tentar não deixar nada de fora.

Essa modalidade de estímulo, realizada em um ambiente confortável e adequado, potencializa a capacidade de recuperação da memória, uma vez que reduz a tensão emocional do entrevistado, cria com ele um vínculo de cooperação e esclarece de maneira transparente e assertiva todo o procedimento de produção probatória.

Ressalte-se que as pesquisas da Psicologia do Testemunho demonstram que as técnicas de *rapport* têm eficácia comprovada até mesmo quando estamos realizando entrevistas com suspeitos. No interrogatório com suspeitos de terrorismo, por exemplo, um estudo demonstrou que a realização do *rapport*, quando comparada a interrogatórios diretos, foi mais eficiente na medida em que relacionada com maior engajamento e colaboração do suspeito, maior potencial de extração de informações relevantes e, até mesmo, obtenção de confissão espontânea[28].

Foram realizados estudos em interrogatórios com cerca de 50 suspeitos de terrorismo do Reino Unido, em que o uso do *rapport* obteve resultados estatísticos significativos, sobretudo

---

[28] ALISON, Lawrence John; ALISON, Emily; NOONE, Geraldine; ELNTIB, Stamantis; CHRISTIANSEN, Paul. *Why tough tactics fail, and rapport gets results: Observing rapport-based interpersonal techniques (ORBIT) to generate useful information from terrorists.* Psychology, Public Policy and Law, 2013.

quando relacionados à elevação de cooperatividade do suspeito, bem como à quantidade de informações coletadas, quando confrontado com outros métodos.

Países como a Inglaterra, os Estados Unidos, a Noruega, o Canadá e a Austrália têm apresentado avanços significativos com a adoção da entrevista investigativa, de modo que, em todos os protocolos utilizados, as técnicas de *rapport* integram o padrão-ouro na coleta de provas dependentes da memória.

As pesquisas inclusive atestam que a utilização do *rapport* nos protocolos de coleta de provas dependentes da memória alcança bons resultados em públicos-alvo etariamente distintos, como, por exemplo, crianças, adolescentes, jovens, adultos e idosos[29].

Como já mencionado, a utilização de técnicas de *rapport* congrega um conjunto de ações que, após iniciadas, devem permanecer até a finalização da atividade probatória.

Imagine-se a hipótese de uma vítima de violência sexual que, no curso de seu relato, não contém suas emoções oriundas desse evento traumático e inicia uma crise de choro. Nesse momento, em razão da elevação do nível de componentes estressores, a atividade cognitiva de recuperação da memória encontra-se obviamente prejudicada, sendo necessária a intervenção para retomada do estado anterior.

A solução nesse caso, tendo-se em mente os três pilares ou macro-objetivos do *rapport* (estabilizar, engajar e explicar), seria a manutenção de uma postura empática, com a interrupção do relato, o oferecimento de um lenço ou de um copo de água (insumos – etapa de preparação e planejamento), seguida de uma

---

[29] ABBE, Alison; BRANDON, Susan E. *The Role of Rapport in Investigative Interviewing: A Review*. Journal of Investigative Psychology and Offender Profiling, 2012.

explicação para a vítima, reforçando que ela tem todo o tempo que julgar necessário para se recompor e que o investigador, na qualidade de profissional, compreende perfeitamente que se trata de uma situação delicada e muito difícil para ela.

Mesmo hipotética, essa situação reflete bem o cotidiano da atividade de investigação criminal, em que não raro vítimas e testemunhas, durante o relato, têm uma elevada descarga emocional, em função das circunstâncias traumáticas a que foram submetidas quando da ocorrência do fato criminoso. A recordação das memórias de um caso penal gera esse efeito natural, e, por essa razão, o tripé do *rapport* (estabilizar, engajar e explicar) deve permanecer ao longo de todo o procedimento.

Cuida-se aqui de uma etapa ultrativa, que se espraia por todo o procedimento de coleta probatória, posto concentrar técnicas que permitem a manutenção de um vínculo de cooperatividade e engajamento, otimizando atividades cognitivas de recuperação da memória.

Vencidos esses dois estágios preambulares, repise-se, de grande utilidade para a coleta probatória (etapa 1 – planejamento e preparação, e etapa 2 – construção do *rapport*), cumpre ingressar na seguinte, denominada de relato livre.

Aqui, compete desde logo esclarecer que, em se tratando de provas dependentes da memória, o relato livre inegavelmente constitui o centro gravitacional de todo o procedimento probatório.

Os avanços da Psicologia do Testemunho[30] demonstraram que as informações mais idôneas e detalhadas são aquelas obtidas a partir do livre relato das pessoas, dentro de sua própria

---

30 MILNE, Rebecca; SHAW, Gary; BULL, Ray. *Investigative interviewing: The role of research. Applying psychology to criminal justice*. New Jersey: John Wiley & Sons, 2007.

construção narrativa, sem interrupções, distrações ou mesmo ingerências de terceiros.

É justamente por meio desse relato livre, isento de distrações, interferências ou sugestionabilidade, que cada testemunha, vítima ou suspeito poderá realizar esforços cognitivos suficientes e necessários para a recuperação de informações valiosas acerca do caso penal.

Não se pode olvidar que, conforme exposto no capítulo anterior, a memória humana, apesar de potente e flexível, também é falível, está sujeita ao fenômeno das falsas memórias e, por óbvio, sofre natural deterioração com o decurso do tempo. Todos esses fatores devem ser sopesados durante o procedimento de coleta probatória, na medida em que, como já foi aqui reforçado, a recuperação de um registro de memória é resultado da interação dinâmica de processos cognitivos.

Por essa razão, a testemunha, que ora se apresenta para prestar um depoimento em sede policial, muito provavelmente já conversou com outras testemunhas no local do crime, já foi previamente questionada pelo agente policial que esteve no local do fato criminoso, pode ter conversado com familiares e amigos sobre as circunstâncias do ocorrido.

É tarefa impossível promover um isolamento mental de uma testemunha, tal qual se opera rotineiramente com objetos de um local de crime. Todavia, assim como realizado no campo das provas periciais, a estruturação de uma metodologia de coleta probatória, a partir de aportes cientificamente validados, garante a fiabilidade e a idoneidade das informações oriundas de provas dependentes da memória.

E nesse contexto, o relato livre emerge como uma etapa obrigatória e altamente eficaz de qualquer protocolo sério para realização dessa importante atividade processual penal, na medida em que propicia uma elevação quantitativa e qualitativa das informações obtidas. O mais elevado grau de fiabilidade e detalhamento de informações obtidas a partir dos processos cognitivos de recuperação da memória são justamente aqueles decorrentes do livre relato da pessoa sobre um determinado evento[31].

Dessa forma, a coleta probatória de um depoimento não pode ser estruturada em uma série de perguntas preestabelecidas, automatizadas, sugestivas ou ainda indutivas. A construção de uma narrativa livre, sem interrupções ou interferências constitui um método cientificamente validado de obtenção de elementos de prova idôneos e confiáveis.

A operacionalização de um relato livre demanda atenção especial a três estágios fundamentais: introdução, transferência de controle e escuta ativa. A introdução compreende o estágio em que o investigador irá estabelecer as últimas explicações técnicas acerca do procedimento que precedem a narrativa da pessoa entrevistada.

Por evidente, há de se ressaltar que o mencionado estágio é deflagrado assim que cumprido o pilar de macro-objetivos do *rapport* (estabilizar, engajar e explicar). Então parte-se do pressuposto de que já foi estabelecido um vínculo prévio de cooperação, e a pessoa entrevistada já se encontra em condições ideais de fornecer sua narrativa.

Essa breve introdução, nada mais é do que uma checagem na sintonia de comunicação anteriormente estabelecida, posto que, a partir desse momento, deve-se finalmente ingressar no clímax da produção da prova propriamente dita.

---

31 BERNSTEIN, Daniel; LOFTUS, Elizabeth. *How to tell if a particular memory is true or false*. Perspectives on Psychological Science, 2009.

Nessa fase, cabe ao investigador questionar se há alguma dúvida ou esclarecimento acerca do procedimento, reforçando-se a necessidade de a pessoa entrevistada relatar tudo aquilo que realmente lembra sobre o caso penal, com o máximo de circunstâncias e detalhes, sem subtrair nenhum elemento de sua recordação, mesmo que porventura o julgue desimportante.

Por evidente, a introdução do relato livre funde-se com a etapa de explicação do *rapport*, já que constituem estágios de execução sequencial. Ele basicamente funciona como um sistema de conferência, de modulação do canal de comunicação estabelecido entre o investigador e a pessoa entrevistada.

Vejamos um exemplo de introdução ao relato livre: "Então, Sr. Fulano (nome da testemunha da maneira como ela mencionou preferir ser chamada), tem mais alguma dúvida sobre como será o seu depoimento? Eu gostaria de ouvir seu relato detalhado sobre o que aconteceu; afinal, era você quem estava lá, e isso poderá me ajudar no meu trabalho. É muito importante que você dê todos os detalhes e não deixe nada de fora, mesmo se achar que eu já sei ou se você julgar desnecessário. Fique à vontade para usar o tempo que precisar, e eu não vou interrompê-lo. Tudo certo? Podemos começar?".

A partir da anuência da pessoa entrevistada, constata-se a existência de uma sintonia no canal de comunicação, permitindo-se o início do segundo estágio do relato livre, denominado transferência de controle. Ela ocorre quando o investigador desloca a iniciativa da narrativa para a pessoa entrevistada. Essa transferência deve obrigatoriamente aguardar o sinal avalizador da pessoa entrevistada, e, para isso, a utilização de sinalizadores verbais como "tudo certo?", "podemos começar?", "está pronto?" é essencial. Constatado o aval da pessoa entrevistada, o investigador poderá com segurança transferir para uma testemunha, vítima ou suspeito a iniciativa de relato.

Para esse primeiro relato, recomenda-se fortemente uma técnica muito utilizada em diversos protocolos de coleta probatória, conhecida pelo acrônimo **TED'S PIE**[32]. Esse método retrata um questionamento inicial a partir da conjugação entre um comando verbal (me conte, me explique, me descreva, me mostre) com um outro comando qualificado (precisamente, em detalhes, exatamente). Dessa forma, a transferência de controle pode ser deflagrada a partir dessa técnica, com as seguintes perguntas iniciais: "Me conte em detalhes o que aconteceu?", "Me explique precisamente o que aconteceu?", "Descreva exatamente o que aconteceu?".

Realizado um bom *rapport* e estabelecida a introdução do relato livre, a transferência de controle com o uso da técnica **TED'S PIE** representa um poderoso elemento de coleta de informações, na medida em que o investigador expõe, de forma clara e assertiva, que a partir daquele momento a pessoa entrevistada não deve tão somente contar, descrever ou explicar, mas sim contar exatamente, explicar em detalhes ou descrever com precisão.

Esse comando verbal qualificado da transferência de controle, introduzido pelo método **TED'S PIE**[33], faz com que a pessoa entrevistada realize um esforço cognitivo muito maior na atividade de recuperação da memória, com vistas a corresponder da melhor forma possível às expectativas do investigador.

Assim que for realizada a transferência de controle, o investigador ingressará imediatamente no estágio seguinte do

---

32   O método TED'S PIE decorre de um acrônimo originário da língua inglesa com o seguinte significado: T (*tell*), E (*explain*), D (*describe*), S (*show*), P (*precisely*), I (*in detail*) e E (*exactly*).
33   WALSH, David; OXBURGH, Gavin; REDLICH, Allison; MYKLEBUST, Trond. *International Developments and Practices in Investigative Interviewing and Interrogation: Volume 2: Suspects*. United Kingdom: Routledge Frontiers of Criminal Justice, 2015.

relato livre, denominado escuta ativa. Aqui, deverá permitir que a pessoa entrevistada construa sua narrativa de forma livre, concentrada e sem interrupções. Portanto adotará uma postura corporal aberta, podendo lançar mão de sinalizadores não verbais de estímulo (aceno positivo de cabeça, olhar concentrado) ou mesmo sinalizadores verbais não sugestivos ("aham", "compreendo", "sim").

Em um determinado momento, a pessoa entrevistada irá obviamente parar o seu relato, oportunidade em que o investigador, ainda em uma postura de escuta ativa, deverá permanecer em silêncio, fazendo com que a pessoa entrevistada busque um maior esforço cognitivo de recordação e continuidade. Poderá ainda utilizar de incentivadores verbais neutros ("algo mais?", "e depois?"), com objetivo de tentar ao máximo prorrogar a iniciativa livre de relato da pessoa entrevistada.

Frise-se que, mesmo mantendo uma escuta ativa e foco na pessoa entrevistada, o investigador deverá realizar anotações sobre seus pontos de interesse, refletidos como trechos da narrativa que englobam fatos, objetos, circunstâncias ou personagens que integram o propósito investigativo do caso penal. É a hipótese, por exemplo, em que a pessoa entrevistada cita que foi atacada por dois homens, ou que visualizou um carro, ou ainda que observou uma faca.

Os denominados pontos de interesse constituem narrativas de convergência que contemplam dados e informações de utilidade e importância nos processos de reconstrução histórico-lógica da hipótese investigativa. A anotação dos pontos de interesse, ou mesmo a sua memorização, representa uma medida de grande relevância na etapa do relato livre, posto que revela trechos do depoimento que ainda carecem de maior aprofundamento, sob ponto de vista técnico-científico e jurídico.

Pois bem, após o primeiro relato livre, introduzido por meio da técnica **TED'S PIE**, deve-se, ao máximo, tentar prorrogar o relato da pessoa entrevistada, cabendo-se inclusive lançar mão de outras técnicas de entrevista investigativa. Uma dessas técnicas, muito utilizada na descrição de suspeitos, é denominada ordem reversa ou mudança de ordem[34]. Por meio desse método, solicita-se à pessoa entrevistada que narre o fato em outra ordem cronológica, dessa vez em sentido inverso ao inicialmente relatado. Do mesmo modo, pode-se solicitar à pessoa entrevistada que refaça a sua narrativa, porém determinando como ponto de partida um momento diverso daquele inicialmente formulado.

Sob ponto de vista científico, os estudos da Psicologia do Testemunho demonstram que a inversão da ordem natural de uma narrativa exige um esforço cognitivo bem maior, fazendo com que a pessoa entrevistada necessite de maior nível de concentração e, por conseguinte, produzindo uma recuperação do registro de memória mais fidedigna e qualificada.

Outra técnica que também comporta utilização é a denominada recriação de contexto, por meio da qual o investigador solicita à pessoa entrevistada que reconstitua mentalmente o fato a ser relatado ou mesmo uma determinada circunstância. É a hipótese, por exemplo, em que o investigador, ao solicitar que a pessoa entrevistada descreva um suspeito, requer que o faça com os olhos fechados, com maior riqueza de detalhes e de tal forma que o investigador possa reconhecer esse suspeito no meio de uma multidão.

---

34 PAULO, Rui; ALBUQUERQUE, Paulo Barbas; BULL, Ray. A Entrevista Cognitiva Melhorada: Pressupostos teóricos, investigação e aplicação. Associação Portuguesa de Psicologia: Psicologia, v. 28, 2014.

A técnica de recriação de contexto[35] também é bastante difundida em investigações envolvendo crianças e adolescentes, em que, com objetivo de ampliar o canal de comunicação, o investigador pode alterar o código e solicitar que a criança, por exemplo, faça um desenho sobre determinado fato ou circunstância.

Todas essas atividades de recriação de texto apresentam como premissa fundamental a exigência de um maior esforço cognitivo da pessoa entrevistada, que, por sua vez, potencializa seus processos de recuperação da informação armazenada.

Por derradeiro, há outra técnica denominada mudança de perspectiva[36], cujo objetivo centra-se em coletar maiores detalhes por meio da alteração imaginária da condição da pessoa entrevistada no contexto do evento criminoso. A partir da mudança de perspectiva, o investigador solicita, por exemplo, uma testemunha que se coloque no lugar da vítima com intuito de obter detalhes acerca de um fato ou circunstância em uma outra perspectiva. Com a adoção desse método, pode-se, por exemplo, solicitar que a vítima faça a descrição do rosto do suspeito, porém em uma orientação diversa da ordem natural.

Em uma função neurobiológica natural, as pessoas processam a descrição de faces humanas a partir de uma orientação vertical e em um sentido de cima para baixo, começando pelos cabelos, testa, olhos etc. Com a técnica da mudança de perspectiva[37], pretende-se justamente o contrário, na medida em que a

---

35 WESTPHALEN, Cristina Andersson. A aplicação da entrevista cognitiva na investigação criminal. Monografia do Curso de Especialização (Psicologia jurídica). Centro Cultural de Formação PROJECTO. Rio Grande do Sul, 2011.
36 BOWER, Gordon. *A multicomponent theory of memory trace*. In: K. W. SPENCE e J. T. SPENCE (eds.). *The Psychology of learning and motivation* (vol. 1). New York: Academic Press, 1967.
37 FISHER, Ronald; GEISELMAN, Eduard. *Memory enhancing techniques for investigative interviewing: The cognitive interview*. Illinois: Charles C Thomas Publisher, 1992.

alteração da orientação (agora começando pelo queixo, boca, nariz e finalizando no cabelo) implica um esforço cognitivo maior, hábil a potencializar a recuperação da memória, auxiliando na qualidade e na quantidade de informações obtidas.

As técnicas acima descritas, assim como o método **TED'S PIE**, podem ser utilizadas como forma de prolongamento do relato livre da pessoa entrevistada, preferencialmente, dessa vez, direcionadas aos pontos de interesse do relato inicial. Nesse contexto, caso uma vítima inicialmente relate ter sido abordada por um suspeito, uma dessas técnicas pode ser utilizada para extração de mais informações acerca do suspeito.

É imperioso salientar que, nessa abordagem, independentemente da técnica escolhida, o investigador utilize as mesmas palavras contidas no relato inicial. Então, quando a vítima disse que "de repente, um homem chegou pelo meu lado direito", o investigador deve iniciar a exploração de prolongamento do relato da seguinte forma:

"Sra. Fulana (sempre utilizar o nome de preferência da pessoa entrevistada – etapa de *rapport*), a Sra. disse que, de repente, um homem chegou pelo seu lado direito. Poderia me descrever esse homem em detalhes?" (**técnica TED'S PIE**).

Ou então:

"Sra. Fulana (sempre utilizar o nome de preferência da pessoa entrevistada – etapa de *rapport*), a Sra. disse que, de repente, um homem chegou pelo seu lado direito. Poderia me descrever como era o rosto desse homem? Mas eu gostaria que a Sra. fizesse de baixo para cima, começando pelo queixo e terminando no alto da cabeça" (**técnica mudança de perspectiva**).

Ou ainda:

"Sra. Fulana (sempre utilizar o nome de preferência da pessoa entrevistada – etapa de *rapport*), a Sra. disse que, de repente, um homem chegou pelo seu lado direito. Poderia fechar os olhos e se concentrar? Tente, por favor, me descrever esse homem com todos os detalhes, de modo que eu pudesse reconhecê-lo no meio de uma multidão" (**técnica de recriação de contexto**).

Encerrada a etapa do relato livre, em que foram sequencialmente realizados os estágios de introdução ao relato, a transferência de controle e o próprio relato livre (primeiro relato com a técnica **TED'S PIE** e prolongamento do relato sobre pontos de interesse e com abertura para outras técnicas), deve-se iniciar a etapa subsequente, denominada de clarificação.

Na etapa de clarificação, o investigador retoma para si o controle do procedimento, com a finalidade de abordar exclusivamente pontos de interesse do caso penal. Trata-se de uma etapa de grande relevo na coleta probatória, pois o investigador, após ter ativamente escutado todo o relato livre da pessoa entrevistada, e até mesmo o seu prolongamento, busca amplificar e detalhar todos os pontos de interesse do caso penal, enumerados na etapa inicial de planejamento e preparação (propósito investigativo). É também nessa etapa que deve ser explorado um método denominado revelação de evidências, utilizado apenas para interrogatório com suspeitos.

Antes mesmo de ingressar nos estágios da clarificação, cumpre assinalar um tema que, nesse ponto, assume extrema importância: a tipologia de perguntas. Conforme já exposto, o relato livre constitui a técnica central da coleta de provas dependentes da memória. Inúmeras pesquisas da Psicologia do Testemunho[38] atestam que a narrativa livre e sem ingerências

---

38 CARSON, David; BULL, Ray. *Handbook of psychology in legal contexts*. Nova Jersey: Wiley, 2003

eleva significativamente a qualidade e a quantidade de informações recuperadas da memória humana. Por essa razão, durante o procedimento probatório, a atenção dos profissionais deve ser redobrada em relação ao tipo de perguntas a serem realizadas, sob pena de contaminação indevida dos elementos de prova.

A primeira tipologia de perguntas a ser utilizada deve ser as denominadas perguntas abertas, pois elas impulsionam a construção de uma narrativa livre e isenta, com maior aporte de informações detalhadas. Para esse tipo de pergunta, o método **TED'S PIE**, já acima demonstrado, constitui uma excelente ferramenta. A introdução do relato com essa técnica, que adota comandos verbais amplos e qualificados ("me descreva em detalhes o que aconteceu" ou "me explique precisamente o que aconteceu"), constitui um grande incentivo ao relato livre, que, por sua vez, representa o padrão original e fidedigno do registro de recuperação da memória humana.

Frise-se que a utilização de perguntas abertas deve ser estimulada a todo o tempo, inclusive nos estágios de prolongamento do relato livre, em que o investigador busca por maiores detalhes acerca de pontos de interesse do caso penal ("Você me disse que foi atacada por dois homens, certo? Pode me descrever precisamente como era o primeiro homem?").

As pesquisas científicas da Psicologia do Testemunho comprovam que a utilização de perguntas abertas, quando comparadas a outras tipologias, representa um aumento de 500% na quantidade e na confiabilidade das informações obtidas[39].

Entretanto, no transcurso de um depoimento, pode ocorrer que a vítima ou a testemunha, em seu relato livre, não ingresse em certos tópicos que, pelo acervo probatório já produzido pela investigação criminal, são de extrema relevância ao deslinde do

---

39 LAMB; ORBACH; HERSHKOWITZ; ESPLIN, HOROWITZ, 2007.

caso penal. Nesse caso, podem ser utilizadas as denominadas perguntas de sondagem, pois elas agregam um maior potencial de direcionamento, levando a pessoa entrevistada ao *locus* desejado pelo investigador.

As perguntas de sondagem derivam do método conhecido como 5W2H, acrônimo que designa uma ferramenta de planejamento muito utilizada da área de gestão estratégica. Este método reúne os sinalizadores de orientação "quem", "quando", "onde", "o quê", "por quê", "como" e "quanto". Essa tipologia de perguntas transporta automaticamente a pessoa entrevistada a um tópico esperado pelo investigador ("Você me disse que um homem te rendeu com uma arma. Conte-me **como** ele te rendeu" ou "Você me disse que foi agredida na praça. Me diga exatamente **onde** você estava").

Importa destacar que a utilização de perguntas de sondagem justifica-se tão somente quando a construção do relato livre da pessoa entrevistada já foi completamente explorada, e, por algum motivo, não foi especificamente abordado um determinado ponto de interesse do caso penal.

Em terceiro lugar (e apenas como recurso de último grau), a utilização de perguntas fechadas tem amparo tão somente quando a pessoa entrevistada, depois de esgotado o seu relato livre e mesmo submetida a perguntas de sondagem, não ingressa em determinado tema ou circunstância do caso penal.

As perguntas fechadas, por sua natureza restritiva, resultam na obtenção de poucas informações e, por isso, devem ser empregadas como mecanismo derradeiro. Essa tipologia de pergunta, mesmo direcionada a um tópico de interesse específico, deve sempre fazer referência a algum ponto da construção da narrativa inicial da pessoa entrevistada. ("Você me disse que o suspeito estava com uma arma, certo? Você viu essa arma **antes ou depois** de o suspeito atacar a vítima?").

Com efeito, pode-se concluir que há uma hierarquia na estruturação das perguntas para coleta de provas dependentes da memória. Em primeiro lugar, preza-se a utilização de perguntas do tipo aberto, pois constituem incentivadores da construção de um relato livre e fidedigno.

Em um segundo momento, desde que não alcançados objetivos na exploração do relato livre, podem ser utilizadas subsidiariamente perguntas de sondagem, na medida em que conferem um direcionamento a um ponto específico do caso penal.

Por fim, vencidas as duas tipologias de perguntas iniciais e como recurso derradeiro, o emprego de perguntas fechadas constitui um mecanismo de tentativa de acesso a uma informação de grande relevância para o caso penal. Cuida-se de uma utilização restrita e que deve tangenciar algum fato ou elemento inicialmente mencionado no relato inicial.

A seu turno, existem ainda certas tipologias de perguntas que devem ser rechaçadas por completo das práticas de coleta probatória, já que comprometem demasiadamente o grau de fiabilidade do registro de recuperação da memória. Entre elas, podem ser citadas as perguntas fechadas de escolha forçada, as perguntas múltiplas e as perguntas sugestivas[40].

As perguntas fechadas de escolha forçada são contraindicadas, pois oferecem uma extrema limitação de opções de resposta à pessoa entrevistada, prejudicando a fidedignidade da informação obtida ("O suspeito estava com uma camisa azul ou preta?" ou "Ele tinha cabelo claro ou escuro").

---

40 CECCONELLO, William Weber; STEIN, Lilian. Manual de entrevista investigativa para a Polícia Judiciária. Goiânia: Alta Performance, 2023.

Por sua vez, as perguntas múltiplas também integram esse rol de medidas proscritas no âmbito das provas dependentes da memória, pois elas demandam, a um só tempo, um grande volume de informações à pessoa entrevistada ("Você viu o suspeito? Ele estava sozinho? Ele tinha uma tatuagem no braço? Você viu a arma também?").

Essa tipologia de perguntas atrapalha os processos de recuperação de memória, em função da sobreposição de conteúdos, fato que gera elevação no nível de estressores, aumento da falibilidade da recordação, omissão de informações e desestímulo ao relato de informações detalhadas[41].

Por fim, as perguntas sugestivas constituem a tipologia mais letal aos processos cognitivos de recordação, na medida em que interferem diretamente no resultado das informações obtidas, de modo a enviesar a produção probatória.

Essa tipologia de pergunta tem grande potencial de ingerência no comportamento da pessoa entrevistada, pois a pergunta sugestiva expõe de maneira ostensiva o modelo de resposta que está sendo buscado ("O suspeito estava com uma arma igual a esta aqui, não estava?" ou "Então, você viu a vítima sendo atacada por ele com uma faca, não é?").

Por óbvio, a adoção desse modelo de questionamento é intensamente superestimada pela pessoa entrevistada ao se tratar de uma atividade probatória oficial, em especial quando produzida no âmbito de uma investigação criminal ou no bojo do processo judicial, por uma autoridade estatal pública.

Em síntese, perguntas fechadas de escolha forçada, perguntas múltiplas e as sugestivas constituem tipologias altamente contraindicadas para a coleta de provas dependentes da memória,

---

41 POWELL, Martine; FISHER, Ronald; WRIGHT, Rebecca. *Investigative interviewing. Psychology and Law: An Empirical Perspective.* New York: Guilford Press, 2005.

tendo em vista seu elevado grau de prejudicialidade e contaminação da produção probatória.

Estabelecidas essas importantes premissas, retomam-se os estágios da etapa de clarificação. Nesse cenário, a coleta probatória já ultrapassou o relato livre da pessoa entrevistada, bem como as ações de prolongamento do relato, com a utilização das técnicas adequadas. Na clarificação, o objetivo central assenta-se em coletar informações específicas sobre tópicos de relevância para a elucidação do caso penal.

Nesse estágio, cabe ao investigador retomar o controle do procedimento de entrevista, escalonando perguntas abertas, de sondagem ou, em último caso, algumas fechadas, na direção de cada um dos pontos de interesse para a investigação, não mencionados, ou mesmo parcialmente abordados, durante a etapa de relato livre.

Cuida-se aqui da necessidade de buscar um maior aprofundamento acerca de fatos, circunstâncias, objetos e personagens do caso penal, que eventualmente não tenham sido abordados de forma livre no relato, ou então, mesmo que tenham sido informados, ainda careçam de maior detalhamento, justamente por sua estratégica posição de relevância para a investigação criminal.

A etapa de clarificação ainda comporta especial destaque no que diz respeito à realização de interrogatório de suspeitos. Frise-se que a orientação técnica para produção de provas dependentes da memória com indivíduos suspeitos (colaborativos ou não colaborativos) deve observar a mesma ordem sequencial de etapas até então apresentadas. Porém, quando tratamos de indivíduos suspeitos, há de se considerar que esse tipo de *status* processual logicamente requer a adoção de algumas providências necessárias ao correto deslinde da produção dessa modalidade probatória.

É preciso reforçar que a qualidade de suspeito desloca esse ator processual para uma posição diferenciada, uma vez que tem plena ciência de que sobre ele recai uma imputação penal. Dessa forma, é necessário ter em mente que, em razão dessa condição peculiar, deve-se sempre esperar de um indivíduo suspeito um comportamento completamente distinto de vítimas ou testemunhas, na medida em que o resultado da produção probatória tem o condão de afetar diretamente sua liberdade individual.

Com efeito, ao traçar uma estratégia de interrogatório para suspeitos, cumpre levar em consideração algumas premissas importantes.

A uma, porque indivíduos suspeitos, antes da execução do interrogatório, certamente irão realizar uma preparação prévia, na grande maioria dos casos, inclusive, sob orientação de sua defesa técnica.

A duas, vez que indivíduos suspeitos sempre apresentam uma narrativa pré-constituída, cuja construção tem por primordial finalidade isentá-los de qualquer responsabilização no âmbito criminal, ou ainda minimizar seus efeitos.

A três, posto que indivíduos suspeitos, no curso do depoimento, sempre terão em mira sonegar informações relevantes e fornecer informações dissimuladas acerca do caso penal.

A quatro, porque indivíduos suspeitos buscarão, ao máximo, utilizar todas as informações disponíveis em proveito próprio, bem como tentarão antecipar os questionamentos a serem realizados pelas autoridades processuais.

Com isso, a metodologia a ser empregada para interrogatório de suspeitos deve assumir novos contornos. Cuida-se, portanto, de um método denominado de gestão estratégica de evidências. Sob o ponto de vista técnico, essa metodologia abarca todas as etapas de um protocolo de entrevista investigativa, comportando, todavia, algumas especificidades.

Senão, vejamos.

Em se tratando da etapa inicial de planejamento e preparação, o interrogatório de suspeitos deverá aqui ser realizado com especial atenção à sua estruturação intelectual (planejamento e preparação mental).

O propósito investigativo deverá ser bem trabalhado, pois nele serão reunidos todos os elementos probatórios até então produzidos por outras fontes, bem como desenhadas todas as linhas de investigação (hipótese principal e hipóteses alternativas).

O estágio de análise de dados do suspeito, ainda na etapa de planejamento, deve ser ampliado, comportando coleta de dados a partir de pesquisas de fontes abertas, relatórios de inteligência pregressos e ainda execução inicial de análise de vínculos. É justamente nessa etapa que serão definidos os principais pontos de interesse a serem explorados no interrogatório, bem como pré-formuladas as questões mais relevantes para fins de confrontação de evidências.

Já no contato direto com o suspeito, a construção do *rapport* deve manter o foco nos três macro-objetivos principais (estabilizar, engajar e explicar), destacando-se sempre que o investigador, apesar de estar ciente da imputação penal, tem pleno interesse em ouvir a versão do suspeito, de modo que esta constitui uma oportunidade única para sua defesa e esclarecimento do caso penal.

Iniciada a etapa de relato livre, compete cientificar o indivíduo suspeito acerca de seus direitos fundamentais de índole constitucional, reforçando-se, por mais uma vez, que o depoimento é uma oportunidade de esclarecer a sua versão dos fatos.

Após o livre relato, é na etapa de clarificação que a gestão estratégica de evidências assume seu ponto nodal. Aqui, torna-se altamente recomendável utilizar a técnica de contrainterrogatório, também conhecida como revelação de evidências. Essa técnica diz respeito ao momento em que o investigador decide revelar ao suspeito certo conjunto de evidências que refletem indícios de sua autoria delitiva.

Em muitas oportunidades, sobretudo na prática policial, é comum observar profissionais que, já no primeiro contato com o suspeito, iniciam o procedimento de interrogatório expondo todas as evidências que corroboram a imputação penal da principal hipótese investigativa ("Olha, não adianta negar! Já sabemos que foi você! Temos uma imagem da câmera que mostra você entrando na casa e um exame de material genético compatível com o seu no local do crime!").

Ocorre que essa forma de revelação antecipada de evidências não constitui o melhor modelo de técnica de interrogatório, posto que permite que um suspeito culpado construa uma nova narrativa, distinta daquela previamente por ele planejada, e direcione seu relato em conformidade com as evidências apresentadas.

Por outro lado, a técnica de contrainterrogatório, baseada na revelação estratégica de evidências, tem como ponto central o retardamento da exposição do conjunto de evidências que, em determinada linha de investigação, confirma a imputação penal que recai sobre o suspeito.

Esse retardamento proposital na revelação de evidências deve estar sintonizado com a estratégia inicialmente planejada (reunião das evidências e construção das linhas de investigação principal e alternativas). Neste momento compete ao investigador verificar a relevância e o potencial de cada um dos elementos probatórios até então produzidos, bem como estabelecer sua correlação no contexto processual de cada uma das linhas de investigação.

Do mesmo modo, antes da revelação das evidências, o estímulo ao livre relato do suspeito é imprescindível para o êxito do protocolo. A adoção dessa técnica possibilita, a um só tempo, que o suspeito revele sua estratégia inicial (ou seja, sua versão pré-constituída acerca dos fatos), bem como permite que o investigador teste a conformidade desse relato com os demais elementos de prova de cada uma das demais linhas de investigação. Por isso, as evidências contrárias ao suspeito devem ser reveladas tão somente na etapa de clarificação, a partir da técnica de contrainterrogatório.

A essa altura do procedimento, o suspeito já expôs de forma livre toda a sua versão do caso penal, bem como o investigador já destacou todos os seus pontos de interesse, refletidos nos tópicos de confronto entre os fatos relatados e as demais evidências probatórias que a eles se contrapõem. Nessa retomada do controle do interrogatório, o método de gestão estratégica de evidências faz com que o investigador decida não só pelo retardamento da exposição dos elementos de prova que corroboram a imputação penal e se contrapõem ao relato livre do suspeito, mas também pelo modo de sua revelação, se total ou parcial.

Do mesmo modo que é realizado no depoimento de vítimas e testemunhas, a clarificação deve incidir sobre todos os pontos de interesse do caso penal. Todavia, especialmente quando se trata de interrogatório de suspeitos, essa etapa deve explorar a fundo todas as contradições entre seu relato e os demais elementos de prova.

A sondagem da confrontação de evidências há de ser realizada, inclusive, com base nas mesmas informações fornecidas pelo suspeito quando de seu livre relato, realçando-se exatamente aquilo que o próprio suspeito já afirmou em sua narrativa inicial ("Pois bem, Sr. Fulano, o Sr. me contou que nesse dia permaneceu em sua casa, certo? Porém temos uma gravação de câmeras de segurança mostrando seu carro, na data e horário do crime, estacionado em frente à casa da vítima, no local do crime. O que o Sr. tem a dizer sobre isso?").

Frise-se, por importante, que a revelação de evidências pode ocorrer de maneira total ou parcial, a depender do planejamento idealizado pelo investigador e das informações obtidas a partir do relato do suspeito, com a exposição da sua versão acerca dos fatos investigados.

Sob título ilustrativo, vamos supor a hipótese em que o suspeito, em seu relato livre, afirma ter um álibi, ou seja, está em local diverso quando do momento da execução da ação criminosa. Entretanto, na etapa de planejamento e preparação, foram identificados três elementos probatórios que colocam o suspeito na cena do crime: uma imagem de circuito de segurança em que é possível visualizar o carro do suspeito estacionado em frente ao local do crime (evidência 01), provas telemáticas que confirmam que na data e no horário do crime houve tráfego de dados do aparelho de telefone celular do suspeito na estação rádio-base do local do evento criminoso (evidência 02) e coleta de vestígios datiloscópicos do suspeito no local do crime (evidência 03).

Percebe-se que o conjunto das três evidências encontra-se em franca rota de colisão com o álibi apresentado pelo suspeito. Então, no momento de revelação dessas evidências, pode-se adotar uma exposição integral de todo o arcabouço probatório, ou então, optar por sua gradual revelação de cada um de seus elementos integrativos.

Nesse caso, o investigador pode introduzir a seguinte sondagem com revelação integral de evidências: "Sr. Fulano, o Sr. disse que, na data e horário do crime, estava em casa, correto? Porém nós temos uma imagem de seu veículo, os dados telemáticos de seu aparelho celular e ainda impressões digitais suas, tudo isso coletado no local do crime. Como o Sr. pode me explicar isso?".

Em outra perspectiva, pode o investigador deflagrar uma sondagem parcial das evidências reveladas: "Sr. Fulano, o Sr. disse que, na data e horário do crime, estava em sua casa, correto? Mas nós temos uma imagem de seu veículo estacionado no local do crime. O que o Sr. tem a me dizer sobre isso?". Nesse caso, deve-se aguardar a nova versão apresentada pelo suspeito, antes de introduzir o confronto da segunda evidência, até mesmo para testar a viabilidade e a consistência da hipótese defensiva.

Vamos supor que o suspeito, após a revelação da primeira evidência, alegue que compartilha o uso do seu carro com outra pessoa. Nessa circunstância, além de adicionar um outro personagem no contexto do caso penal (o que poderá ser facilmente checado), abre-se uma nova janela de oportunidade para a deflagração da segunda evidência.

E o investigador prossegue: "Compreendo, Sr. Fulano! Mas temos também um registro de tráfego de dados de seu aparelho de telefone celular naquela localidade nesse mesmo horário. Como você pode me explicar isso?".

Vejamos: no relato livre, o suspeito sustenta o álibi de que não estava no local, mas, quando revelada a evidência 01 (filmagem do veículo), ele logo tenta convalidar o álibi da versão inicial e afirma que compartilha seu veículo com um terceiro. Porém, diante da evidência 02 (dados telemáticos), a sustentação da tese defensiva já se torna bem menos crível.

No entanto o suspeito prossegue: "Como lhe expliquei, eu fiquei em casa o dia todo. Compartilho o uso do meu carro e posso ter esquecido meu telefone dentro dele."

Diante dessa nova construção (inclusive omitida no relato livre inicial), o investigador finaliza com a evidência 03: "Entendi, Sr. Fulano! Então você compartilhou seu veículo e esqueceu seu aparelho de telefone dentro do carro! Pois bem, mas ainda temos impressões digitais compatíveis com seu padrão em objetos coletados na cena do crime. O que você pode me dizer sobre isso?".

Com efeito, na hipótese aventada, a revelação integral das três evidências, a um só tempo, possibilitaria ao investigado a construção de uma narrativa adaptada, criando uma história cobertura nova, porém dotada de certa sintonia entre os componentes apresentados.

Por outro lado, a revelação gradual dos elementos probatórios dificulta a estruturação de uma narrativa coerente quando se está diante de um suspeito culpado, cujo objetivo reside apenas em sonegar informações relevantes e livrar-se da imputação penal.

Por essa razão, a gestão estratégica de evidências consiste na metodologia central da etapa de clarificação. Em se tratando de vítimas e testemunhas, a técnica tem como objetivo a retomada do controle da entrevista, com a exploração de pontos de interesse da investigação e coleta de informações úteis e detalhadas.

A seu turno, a clarificação realizada com suspeitos encontra seu ápice com a técnica de contrainterrogatório, de modo que a revelação estratégica de evidências (integral ou parcial) dirime pontos de confronto entre os elementos de prova coletados na investigação e o relato apresentado na tese defensiva do suspeito.

Por evidente, a seara processual penal pátria comporta, assim como a grande maioria das democracias ocidentais, os princípios da presunção de inocência, da ampla defesa e do contraditório, como seus pilares fundantes. Dessa linha principiológica, baseada na instauração de um estado de incerteza no curso da persecução criminal, cujo ônus da eliminação recai integralmente sobre o Estado-Acusação, decorre evidentemente o direito ao silêncio de todo indivíduo suspeito.

Esse direito ao silêncio, cujo livre exercício deve ser mencionado na etapa do *rapport*, bem como na introdução da etapa de relato livre, pode ser invocado a qualquer tempo, inclusive antes mesmo do início do procedimento de produção da prova dependente da memória.

Contudo a utilização dessa sequência de etapas, com as técnicas adequadas, amplia a possibilidade de coleta de mais informações no depoimento de suspeitos, bem como potencializa a elucidação da imputação penal, na medida em que permite o confronto dos elementos de prova até então produzidos e a testagem das diversas linhas de investigação.

Desse modo, finalizada a etapa de clarificação, cumpre realizar o fechamento da entrevista. Essa derradeira etapa tem como objetivo explicar ao entrevistado acerca dos próximos passos do procedimento legal, bem como deixar aberto um canal de comunicação para futuras intervenções.

Nesse contexto, deve o investigador checar se todos os pontos de interesse foram suficientemente abordados, se há alguma dúvida do entrevistado acerca do procedimento de coleta probatória ou mesmo sobre o curso futuro da investigação.

Ao final, recomenda-se fortemente agradecer a disponibilidade de tempo da pessoa entrevistada, esclarecendo a importância de sua participação na elucidação do caso penal e ainda estabelecendo um canal de contato para futuras e eventuais necessidades procedimentais.

Destaque-se que a utilização de técnicas de entrevista investigativa, em sua perspectiva metodológico-científica, assume um papel ímpar no cenário do Direito Probatório. As técnicas e os mecanismos procedimentais aqui abordados, para além de sua validação no campo científico, sobretudo em decorrência dos avanços das pesquisas no campo da Psicologia do Testemunho, constituem um novo ponto de partida para a coleta de provas dependentes da memória.

Os diversos protocolos de entrevista investigativa, independentemente de nomenclatura ou sistemática próprias, apresentam um núcleo duro e intangível, baseado na construção e manutenção de um *rapport*, na elaboração de um relato livre e com perguntas hierarquicamente estruturadas, assim como no uso estratégico de evidências. A sua efetiva implementação há de consolidar um cenário de integral respeito aos direitos humanos, observância à fiabilidade da cadeia de custódia da prova e o tecnicismo necessário para validação desse tão relevante meio probatório.

3.3 *Eyewitness identification*: parâmetros de efetividade para o reconhecimento de pessoas

A partir deste momento, trataremos de um ponto extremamente nevrálgico ao campo das provas dependentes da memória: o reconhecimento de pessoas.

Ressalte-se, desde já, que o objetivo da presente seção centra-se em desvelar parâmetros de efetividade para a estruturação desse importante meio probatório, utilizando-se, para tal, dos mecanismos de funcionamento da memória e seus fatores de influência, bem como dos avanços nas pesquisas científicas no campo da Psicologia do Testemunho.

Não convém aqui debruçar-se na deficiência técnico-jurídica do artigo 226 do Código de Processo Penal, cujo escopo visa disciplinar (quase que em vão) os contornos procedimentais do reconhecimento de pessoas. A bem da verdade, em sua redação, tem-se que o referido dispositivo legal evidencia a total ausência do diálogo de fontes entre o Direito e os demais campos de conhecimento, em especial as ciências cognitivas.

Dessa forma, qualquer tipo de dogmática ou interpretação de ordem meramente jurídica constitui um mecanismo inócuo para a deflagração desse meio de prova, na medida em que os conhecimentos e as pesquisas sobre a memória humana tornam-se elementos indissociáveis da coleta probatória.

Por essa razão, não compete empreender maiores esforços na crítica do artigo 226 do Código Penal, posto que o transcurso quase secular dessa verdadeira omissão legislativa nos levou a um cenário nefasto, seja pela restrição de liberdade de pessoas inocentes ou mesmo por um estado de anomia no Direito Probatório, com extrema inobservância da cadeia de custódia da prova e de princípios constitucionais extremamente caros ao processo penal.

Com efeito, todo o dilema que envolve o reconhecimento de pessoas não se apresenta como um problema exclusivo da legislação brasileira. O Innocence Project dos Estados Unidos atesta que falsos reconhecimentos de pessoas correspondem a 69% dos erros judiciais apontados em processos criminais, submetidos à revisão e com posterior confronto por meio de contraprova de exame genético[42].

---

42 Disponível em: https://innocenceproject.org/dna-exonerations-in-the-united-states/. Acesso em: 20 dez. 2023.

Nesse mesmo sentido, o projeto, ao analisar informações consolidadas no National Registry Exonerations – o mais robusto banco de dados norte-americano sobre erros judiciais revertidos – atesta que os falsos reconhecimentos constituem a terceira maior causa de condenações de inocentes, com taxa de 29% de incidência.

Ainda nos Estados Unidos, as condenações revertidas por erros judiciais em crimes de roubo, derivadas de falsos reconhecimentos, correspondem a 81% dos casos. No estado de Nova York, dos 375 casos revistos por erro judicial, inclusive com posterior realização de exame de DNA, 70% das pessoas injustamente condenadas tiveram como base probatória decisiva um falso reconhecimento.

Por sua vez, o cenário brasileiro também revela um estado alarmante. Um estudo realizado pela Defensoria Pública do Estado do Rio de Janeiro demonstrou que, em âmbito nacional, 60% dos casos com um falso reconhecimento pessoal em sede policial resultaram na decretação de prisão preventiva de suspeitos por um período médio de nove meses[43].

Por oportuno, repise-se que, não obstante a vigência de um sistema de valoração probatória baseado no (suposto) livre convencimento motivado, o reconhecimento de pessoas exerce, no campo da subjetividade, um elevado grau de influência no resultado final da atividade persecutória.

Em outras palavras, quando um suspeito é reconhecido como autor de um fato criminoso, esse *standard* probatório acaba assumindo, no plano do sujeito, um estado de hipervalorização subjetiva nos processos de tomada de decisão do respectivo

---

[43] Disponível em: https://www.defensoria.rj.def.br/uploads/arquivos/54f8edabb-6d0456698a068a65053420c.pdf. Acesso em: 18 out. 2023.

ator processual, seja ele um delegado de polícia, um magistrado ou um promotor de justiça.

Em sede policial, é muito comum ouvir uma vítima ou uma testemunha confirmar, em um alto grau de certeza, a imputação de um fato criminoso a um determinado suspeito ("É ele, com certeza absoluta! Não tenho dúvida: foi ele mesmo!"). Isso pode acontecer? Sim, claro. Uma vítima ou uma testemunha é capaz de correlacionar de maneira correta o registro de memória de uma pessoa à sua imagem atual? Sem sombra de dúvidas.

A memória humana é potente, com alta capacidade de armazenagem e de detalhamento, mas devem ser tomadas as precauções necessárias para evitar a contaminação de processos cognitivos que possam resultar na imputação de pessoas inocentes.

Não se pretende aqui (nem de longe) reduzir o valor epistêmico dessa modalidade probatória, pois o reconhecimento de pessoas constitui um meio de coleta de evidências altamente eficaz e qualificado.

Como já explicado nos capítulos anteriores, a memória humana é potente e seletiva, sendo capaz de armazenar durante anos um registro com fidedignidade. Porém o que não se pode desprezar é que a memória não funciona como uma máquina fotográfica ou mesmo uma filmadora. Ela é flexível e maleável, está sujeita aos efeitos deletérios do tempo e ainda pode sofrer influência de falsas memórias.

O mecanismo de funcionamento da memória e a interferência de seus diversos vetores de influência devem ser observados em alta conta, quando da realização do procedimento para reconhecimento de pessoas. Por essa razão, a coleta dessa modalidade probatória há de ser revisitada com bastante cautela, devendo-se elencar técnicas e protocolos seguros para sua produção, bem como assegurar a fiel observância da cadeia de custódia da prova.

Nessa ótica, a primeira questão que se deve trazer à discussão é, sem dúvida, a irrepetibilidade deste meio de prova. Essa temática já foi abordada nos capítulos anteriores, mas compete aqui reforçá-la dada a sua relevância.

Inicialmente, precisamos compreender que, sob ponto de vista cognitivo, a memória humana, antes de tudo, é um poderoso mecanismo de aprendizagem, e não de recordação[44]. Essa premissa torna-se extremamente valiosa na medida em que a prática investigativa cotidiana revela uma grande diversidade de métodos de coleta probatória com ela incompatíveis.

Práticas como reconhecimento sem alinhamento justo, como, por exemplo, o *show up*, em que apenas um único suspeito é apresentado; reconhecimentos sequencialmente repetidos (informal na cena do crime, formal em sede policial, formal em instrução judicial); reconhecimentos escalonados (primeiro reconhecimento fotográfico positivo e depois reconhecimento pessoal), ou seja, todas essas modalidades práticas de operacionalização de reconhecimento de pessoas devem ser revistas (para não dizer abolidas) no âmbito do Direito Probatório.

Como já explicado, a neuroplasticidade cerebral transforma as áreas cognitivas responsáveis pela memória em verdadeiras máquinas de aprendizagem. Por isso, a memória humana apresenta como características intrínsecas a maleabilidade e a sugestionabilidade.

Na cena de um crime, uma testemunha recebe um estímulo externo, codifica aquele registro e o armazena em sua memória.

---

44 CECCONELLO, William Weber; DE ÁVILA, Gustavo Noronha; STEIN, Lilian. A (ir)repetibilidade da prova penal dependente da memória: uma discussão a partir da psicologia do testemunho. Revista Brasileira de Políticas Públicas, 2018.

Posteriormente, durante a persecução criminal, será ela instada a descrever esse fato e reconhecer seus personagens. Sob uma perspectiva cognitiva, essas atividades de descrição e reconhecimento são diferentes e, portanto, comportam logicamente esforços de cognição também diferentes.

Aqui, deve-se pontuar uma questão de grande relevância probatória. A recuperação da memória, quando associada a uma atividade descritiva, desde que utilizadas técnicas de entrevista de forma adequada e cuidadosa, ainda pode ser reproduzida em alguns tópicos, sem provocar dano à idoneidade da prova.

É a hipótese, por exemplo, de uma testemunha que já prestou depoimento em sede policial e, em um momento posterior, é novamente submetida a uma nova entrevista investigativa para tratar acerca de um fato novo, ainda não abordado na primeira oportunidade.

Outrossim, a recuperação de um registro de memória, quando vinculada a um reconhecimento de pessoas, não comporta repetição, sob pena de se desvirtuar completamente a fidedignidade da prova.

A operacionalização do procedimento de reconhecimento de pessoas é ontologicamente sugestivo. Por meio dele, uma vítima ou uma testemunha irá associar, necessariamente, um registro de memória específico sobre um terceiro, ou seja, a representação mental que ela tem acerca de um personagem do caso penal, a uma imagem atual.

No campo probatório, o reconhecimento de pessoas deve ser considerado irrepetível, já que a simples execução de seu procedimento tem o condão de promover alterações na memória. Ao realizar uma simples correlação entre o suspeito observado e o registro de memória de sua imagem, a testemunha vincula de forma automática o suspeito positivamente reconhecido à memória que ela tem daquele evento criminoso[45]. Por essa razão, a repetição do procedimento não se justifica, na medida em que o suspeito reconhecido pela primeira vez tem elevadíssima probabilidade de ser reconhecido posteriormente[46].

Não podemos olvidar que o decurso temporal entre a ocorrência do evento criminoso e o momento de coleta da prova, a um só tempo, implica a degradação e perda da nitidez do registro de memória inicial e o aumento de probabilidade de contaminação por informações introjetadas após esse mesmo evento (*post-event information*).

Com isso, a inadvertida repetibilidade desse meio de prova pode gerar um efeito devastador quando estamos diante de um suspeito inocente, já que a tendência natural é que, erroneamente reconhecido na primeira vez, a repetição do procedimento reforçará sua imputação nas vezes subsequentes.

Adite-se que a estrutura bifásica da persecução criminal brasileira, em que primeiro se tem a investigação criminal e, em um momento posterior, a instrução judicial, aliada à convencional qualificação do reconhecimento como um meio de prova repetível, acentua a gravidade desse cenário.

É a hipótese na qual, por exemplo, um policial na cena do crime apresenta inadvertidamente a fotografia do suspeito para uma testemunha, sugestionando ser ele o autor da ação criminosa (*show up*). Em seguida, essa testemunha em sede policial será submetida a um procedimento formal, vindo a reconhecê-lo efetivamente como o autor do crime ora objeto de investigação.

---

45 CLARK, Steven; GODFREY, Ryan. *Eyewitness identification evidence and innocence risk*. Psychonomic Bulletin {&} Review, 2009.
46 STEBLAY, Nancy; DYSART, Jennifer. *Repeated eyewitness identification procedures with the same suspect*. Journal of Applied Research in Memory and Cognition, 2016.

Tempos depois, no curso da instrução processual em juízo, a testemunha confirmará as imputações anteriormente realizadas.

A execução desses reconhecimentos escalonados pode levar a um lastimável quadro de condenação de pessoas inocentes, como inclusive se tem constatado em todo o panorama mundial. Dessa forma, para além da imperiosa alteração desse paradigma, adotando-se o tratamento jurídico do reconhecimento de pessoas como prova irrepetível, surge a necessidade de estabelecer parâmetros eficazes de coleta dessa evidência advinda da memória.

Não há dúvidas de que o reconhecimento de pessoas consiste em um meio de produção de evidências de grande relevância ao Direito Probatório. Contudo há de se considerar que a fonte de produção dessa modalidade probatória – a memória humana – está sujeita a limitações de funcionamento e fatores de influência que não podem ser desprezados pelos operadores do sistema de justiça criminal.

As pesquisas da Psicologia do Testemunho atestam que um falso reconhecimento pode ocorrer a partir de diversos fatores, denominados de variáveis de estimativa e variáveis de sistema[47]. Entende-se por variáveis de estimativa aqueles fatores associados à própria limitação de funcionamento da memória, ou então de fatores intrínsecos ligados ao tipo de evento criminoso.

As variáveis de estimação, por suas próprias características, não podem ser controladas pelo sistema de justiça criminal, cabendo aos operadores conhecer sua incidência a fim de dosar os impactos esperados com seu resultado. Essas variáveis de estimação interferem na produção da coleta probatória do reconhecimento em razão do funcionamento natural da memória humana.

---

47   WELLS, Gary. *Applied eyewitness-testimony research: System variables and estimator variables. Journal of Personality and Social Psychology*, 1978.

Vetores como distância, luminosidade, acuidade visual, atenção e excitação podem impactar na recuperação da memória para fins de reconhecimento de pessoas. Por exemplo, uma testemunha à 5 metros de distância, em tese, tem maior qualidade do registro de memória de um criminoso, quando comparada a outra que distava 20 metros do mesmo evento crítico.

Em outra hipótese, a atenção na identificação de pessoas fica prejudicada quando há dois ou mais suspeitos em um mesmo evento criminoso, quando comparado a ocorrências com apenas um suspeito. Nesse caso, a pluralidade de agentes implica a divisão do foco atencional tornando a atividade cognitiva de identificação bem mais difícil[48].

Outro efeito bastante estudado, que também denota uma variável de estimação, é o denominado efeito foco na arma (*weapon focus effect*). Nesse caso, a utilização de uma arma de fogo por um criminoso tem o condão de elevar o nível de estresse emocional da vítima ou da testemunha, interferindo na capacidade de codificação das características faciais do suspeito[49].

As pesquisas também demonstram que a memória humana tem maior propensão a reconhecer faces familiares quando comparadas a não familiares[50]. Dessa forma, a tarefa de identificar um suspeito visto por uma única vez é bem mais difícil quando comparada a traços de rostos familiares. Nesses casos, inclusive, a atenção da testemunha em relação ao suspeito nunca visto concentra-se em aspectos e atributos externos que se mostram mais distintivos (ex.: um nariz afiado, uma tatuagem, cabeça careca).

---

48 MURPHY, Gillian; GREENE, Ciara. *Perceptual load affects eyewitness accuracy and susceptibility to leading questions*. Frontiers in Psychology, 2016.
49 FAWCETT, Jonathan; RUSSELL, Emily; PEACE, Kristine; CHRISTIE, John. *Of guns and geese: a meta-analytic review of the "weapon focus" literature*. Psychology, Crime & Law, 2013.
50 VALENTINE, Tim; LEWIS, Michael; HILLS, Peter. *Face-space: A unifying concept in face recognition research*. The Quarterly Journal of Experimental Psychology, 2016.

Por evidente, todas essas limitações de funcionamento da memória humana, que logicamente dificultam o armazenamento de rostos de suspeitos, podem eventualmente desaguar em falsos reconhecimentos.

Depois do processo de codificação, uma representação mental do rosto do criminoso é armazenada na memória da testemunha. Todavia, conforme já exaustivamente explicado, esse processo é dinâmico, tendo em vista a atuação de outros vetores de influência.

Assim, a representação mental do rosto de um suspeito pode sofrer interferência por conta de efeitos deletérios do tempo, pelo aporte de novas informações e também pelo fenômeno de falsas memórias[51].

Em estudo realizado (Eisen, 2017), um grupo de testemunhas assistiu a um evento criminoso encenado, em que uma das testemunhas (propositalmente e após o crime), ao conversar com as demais, afirmou (falsamente) que o suspeito tinha uma tatuagem na região cervical[52]. Após uma semana, quando submetidas a procedimento formal de reconhecimento, 34% das testemunhas reconheceram corretamente o suspeito, enquanto 44% das testemunhas reconheceram falsamente um suspeito inocente que tinha uma tatuagem no pescoço.

Com efeito, as variáveis de estimação correspondem a limitações intrínsecas aos processos cognitivos de memorização e, quando especialmente aplicadas ao reconhecimento de suspeitos, jamais podem ser descartadas, sob pena de incrementar as taxas de falsos reconhecimentos.

A seu turno, as denominadas variáveis de sistema correspondem a fatores extrínsecos que podem ser controlados

---

51 CECCONELLO, Willian; STEIN, Lilian. Prevenindo injustiças epistêmicas: como a psicologia do testemunha pode ajudar a prevenir o falso reconhecimento de suspeitos. Avances en Psicología Latinoamericana, 2020.
52 CECCONELLO; STEIN, 2020.

e evitados pelos atores processuais, ou mesmo, pelo próprio sistema de justiça criminal. Na grande maioria dos casos, essas variáveis refletem certos comportamentos externos que têm a capacidade de alterar um registro de memória.

Tais condutas incidem diretamente na memória humana, em função de suas características de maleabilidade e sugestionabilidade. Especialmente quando tratamos de reconhecimento de suspeitos, o aporte de novas informações ou mesmo interferências inadvertidas, realizadas por certos atores processuais, podem contaminar o registro de memória, gerando falsos reconhecimentos.

Muitas testemunhas são estimuladas a realizar uma descrição preliminar do rosto de suspeitos, antes do procedimento de reconhecimento. A depender da tipologia das perguntas, ou então do modo de solicitação dessa atividade prévia, pode ocorrer contaminação do traço de memória e subsequente alteração da representação mental do suspeito. Esse fenômeno, denominado eclipse verbal (*overshadow effect*[53]), é comumente verificado quando testemunhas são estimuladas a fornecer uma descrição prévia do rosto do suspeito, em momento que antecede a execução do reconhecimento de pessoas.

Os estudos da Psicologia do Testemunho[54] evidenciam que pessoas instadas a fornecer descrição prévia de características faciais de um suspeito têm uma probabilidade menor de realizar um reconhecimento correto quando comparadas a testemunhas não submetidas a essa mesma solicitação.

O fenômeno do eclipse verbal ocorre em função da maleabilidade da memória humana e sua interação com a linguagem,

---

53 MEISSNER, Christian; BRIGHAM, John. *Thirty years of investigating the own-race bias in memory for faces: A meta-analytic review*. Psychology, Public Policy, and Law, 2001.
54 MEISSNER, Christian; SPORER, Siegfried; SUSA, Kyle. *A theoretical and meta-analytic review of the relationship between verbal descriptions and identification accuracy in memory for faces*. European Journal of Cognitive Psychology, 2008.

de modo que a testemunha, ao destacar de forma incorreta uma certa característica distintiva do rosto do suspeito (ex.: afirma que o suspeito tem olhos verdes ou queixo pontiagudo) incorpora essa informação em sua representação mental.

Embora reduzido, esse efeito pode ser potencializado quando a tipologia de perguntas realizadas eleva o grau de sugestionabilidade da testemunha ("O suspeito tinha olhos verdes, não é?"), ou então a induz a uma escolha forçada ("O suspeito tinha olhos castanhos ou verdes?").

Por essa razão, perguntas fechadas e perguntas de escolha forçada devem ser completamente abolidas nas solicitações de descrição de características faciais de suspeitos, com vistas a prevenir a incidência do fenômeno de eclipse verbal e a subsequente contaminação do registro de memória.

Outras práticas comumente verificadas no cotidiano da persecução criminal também influenciam negativamente a alteração do registro original de memória, potencializando a ocorrência de falsos reconhecimentos. Essas variáveis de sistema devem ser evitadas durante o procedimento de reconhecimento de pessoas, a saber: exposição de um suspeito algemado, exibição de um suspeito com mesma roupa da cena do crime, exposição de um suspeito em instrução processual[55].

Por sua vez, certos comportamentos ativos de atores processuais diretamente ligados à coleta probatória constituem variáveis de sistema que interferem e modificam o registro de memória, como, por exemplo, instruções sugestivas acerca da culpabilidade do suspeito[56] ("Nós acreditamos que ele seja o culpado, agora cabe

---

55 CECCONELLO; STEIN, 2020.
56 WILLIAMSON, Tom; BULL, Ray; VALENTINE, Tim. *Handbook of psychology of investigative interviewing: Current developments and future directions*. Chichester: Wiley-Blackwell, 2009.

a você identificá-lo"), ou então, um *feedback* posterior[57] ("Você conseguiu! Nós sabíamos que ele era o culpado"). Tais atitudes são dotadas de uma conformidade altamente indutiva, podendo culminar na sedimentação de um falso reconhecimento.

Com efeito, entre todas as variáveis de sistema estudadas pela Psicologia do Testemunho, o *show up* corresponde, sem sombra de dúvidas, à prática mais amplamente empregada nos meios policial e judicial. Ele consiste na exposição pessoal (reconhecimento de pessoas) ou na exposição de um registro fotográfico (reconhecimento fotográfico) de apenas um único suspeito, em que, em seguida, a vítima ou a testemunha é estimulada a decidir se o mencionado suspeito é ou não o criminoso culpado.

Trata-se então de uma clássica situação de escolha forçada, em que a tarefa da testemunha, em comparar o rosto do suspeito com a representação mental que tem em sua memória, reduz-se simplesmente a responder "sim" ou "não".

O *show up* é uma prática condenável, tendo em vista seu elevado poder indutivo[58]. É cientificamente comprovado que essa variável de sistema, considerando as limitações naturais da memória humana, pode contaminar o procedimento de coleta probatória e levar a um falso reconhecimento, sobretudo quando o suspeito indicado possui um certo traço físico semelhante ao do criminoso[59].

Nesse mesmo sentido, outra prática rotineira que merece ser revisitada é a exposição de testemunhas a álbum de suspeitos. Cuida-se aqui de uma compilação de diversas fotografias

---

[57] STEBLAY, Nancy; DOUGLASS, Amy. *Memory distortion in eyewitnesses: A meta-analysis of the post-identification feedback effect*. Applied Cognitive Psychology, 2006.
[58] CLARK, Steven. *Costs and benefits of eyewitness identification reform: Psychological science and public policy*. Perspectives on Psychological Science, 2012.
[59] SÖJBERG, Mattias. *The show up identification procedure: a literature review*. Open Journal of Social Sciences, 2016.

de suspeitos de outras práticas criminosas que é informalmente entregue a uma testemunha na tentativa de identificar o criminoso verdadeiro.

A seu turno, a apresentação de múltiplas faces com o álbum de suspeitos enseja uma sobrecarga de processos cognitivos na memória da testemunha, tendo em vista as diversas e sequenciais comparações de características, podendo acarretar alterações no registro de memória original e induzir um falso reconhecimento[60].

Ademais, a exposição de uma testemunha a essa multiplicidade de fotografias de rostos de suspeitos, com a ciência de que essas pessoas já cometerem crimes, tende a elevar o potencial de reconhecimento de um deles[61].

Demonstradas as variáveis de estimativa e as variáveis de sistema, bem como seu potencial de contaminação nos procedimentos envolvendo o reconhecimento de pessoas, cumpre agora retratar, em sintonia com os avanços da Psicologia do Testemunho, os parâmetros recomendados para a operacionalização desse importante meio de obtenção de prova.

A primeira questão a ser reforçada neste momento diz respeito ao caráter irrepetível dessa modalidade de prova dependente da memória. Conforme já exaustivamente demonstrado acima, bem como levando-se em consideração o modelo bifásico da persecução criminal brasileira, devemos partir da premissa de que o reconhecimento de pessoas realizado em sede de polícia judiciária, por ser naturalmente o primeiro ato de reativação

---

60 CECCONELLO; STEIN, 2020.
61 OSBORNE, Danny; DAVIES, Paul. *Crime type, perceived stereotypicality, and memory biases: A contextual model of eyewitness identification.* Applied Cognitive Psychology, 2014.

da memória, constitui o parâmetro de coleta probatória mais isento, fidedigno e livre de interferências.

Com efeito, a preservação da cadeia de custódia da prova e o grau de confiabilidade de seu resultado dependem exclusivamente da utilização de parâmetros seguros e cientificamente validados a serem considerados no ato procedimental de coleta probatória. Dessa forma, verifica-se que o reconhecimento de pessoas em sede policial assume o verdadeiro protagonismo desse meio de obtenção de prova, comportando uma série de observações e cautelas.

Tais recomendações, para fins didáticos, podem ser apresentadas de acordo com o momento de sua implementação. Assim, teremos condutas a serem verificadas antes mesmo de se iniciar a coleta da prova, condutas de preparação do ato de reconhecimento e condutas de execução do procedimento.

Entre as condutas a serem adotadas em momento anterior à coleta probatória, deve-se observar prioritariamente a descrição prévia do suspeito, bem como a descrição das condições de observação. Na descrição prévia do suspeito, visando evitar o fenômeno de eclipse verbal (*overshadow effect*), devem ser utilizadas perguntas abertas, com o método **TED'S PIE**, prestigiando-se a obtenção de um relato livre e isento de interferências.

O uso de perguntas fechadas ("Ele tinha tatuagem no pescoço?") ou de escolha forçada ("Ele estava de camisa azul ou preta?") deve ser completamente afastado dessa etapa prévia, já que seu alto potencial de indução pode alterar o registro original de representação facial do suspeito, culminando na contaminação da coleta da prova. Ao contrário, o emprego de perguntas abertas ("Pode me descrever em detalhes essa pessoa?") prioriza a obtenção de informações qualificadas e confiáveis, na medida em que estimula os esforços cognitivos de recuperação da memória original[62].

Nessa linha, outro dado relevante consiste na obtenção de informações sobre as condições de visualização. Aqui fatores como a distância, a iluminação, o posicionamento e as obstruções físicas durante a ocorrência do evento criminoso contemplam importantes variáveis de estimativa que necessariamente devem ser informadas antes da realização do ato formal de reconhecimento de pessoas.

No que diz respeito às condutas de preparação do ato formal de reconhecimento, tem-se a estrutura do local de reconhecimento, a apresentação do suspeito, os critérios de seleção de indivíduos não suspeitos, as formas de alinhamento, o momento de realização do reconhecimento e a capacitação de profissionais.

De início, cumpre salientar que o lugar para realização do ato de reconhecimento deve comportar um ambiente seguro, confortável, silencioso e devidamente estruturado para a coleta da prova. Deve-se atentar para que as testemunhas permaneçam separadas, já que eventual diálogo prévio certamente pode implicar a contaminação do registro de memória[63]. Em se tratando de reconhecimento pessoal, a existência de uma sala espelhada passa a ser de fundamental importância, já que impede qualquer tentativa de visualização da testemunha pelo suspeito.

A fim de ampliar a sensação de segurança da testemunha e reduzir seu nível de estresse emocional, torna-se extremamente importante que, antes da realização do procedimento, esse ambiente seja apresentado, certificando-se a testemunha de que ela estará em local seguro durante a produção da prova.

---

62 MILNE; SHAW; BULL, 2007.
63 PATERSON, Helen; KEMP, Richard. Co-witnesses talk: A survey of eyewitness discussion. *Psychology, Crime & Law*, 2006.

Por sua vez, a apresentação do suspeito constitui um dos momentos cruciais desse meio de prova, devendo ser abolidas práticas como a apresentação isolada de um único suspeito (*show up*), ou qualquer outra forma de alinhamento injusto (como, por exemplo, apresentar o suspeito em um alinhamento, sendo ele o único com o traje idêntico ao previamente descrito pela testemunha).

Dessa forma, deve o suspeito ser apresentado com outros indivíduos não suspeitos (*line up*), cuja seleção deve necessariamente observar características físicas similares, sob pena de subverter a confiabilidade da prova.

Essa seleção de indivíduos não suspeitos contempla dois grandes pilares para fins de mensuração do grau de fidedignidade: a eleição de não suspeitos com características comuns e a vedação de qualquer ponto de destaque entre eles.

Visando alcançar um maior parâmetro de justiça na eleição de não suspeitos, pode solicitar a terceiros, que não estejam ligados ao caso, uma análise dos rostos presentes no alinhamento, tendo como ponto de partida a descrição fornecida pela testemunha. Caso um dos rostos seja escolhido com frequente repetição, estaremos diante de um sinal de alinhamento injusto, devendo esse rosto então ser substituído. Essa ferramenta é denominada teste de equidade (*fairness test*), e por meio dela obtém-se um maior refinamento da seleção de não suspeitos, garantindo-se um maior grau de confiabilidade do método[64].

O alinhamento do suspeito com os demais indivíduos não suspeitos (*line up*) deve contemplar de 6 a 12 rostos[65], podendo

---

64 MALPASS, Roy; LINDSAY, Rod. *Measuring lineup fairness. Applied Cognitive Psychology*, 1999.
65 WELLS, Gary; MEMON, Amina; PENROD, Steven. *Eyewitness evidence. Psychological Science in the Public Interest*, 2006.

ser realizado de forma conjunta ou sequencial. Dessa forma, o suspeito pode ser apresentado de forma simultânea com os demais indivíduos não suspeitos (*line up* simultâneo) ou pode vir a ser apresentado em uma sequência individual com um tempo certo de análise para cada um (*line up* sequencial).

As pesquisas mais recentes têm demonstrado que o *line up* simultâneo é mais eficiente quando comparado ao *line up* sequencial, na medida em que resulta em um maior número de reconhecimentos positivos, sem aumentar a incidência de reconhecimentos falsos[66]. Em casos de multiplicidades de suspeitos, recomenda-se a estruturação de *line ups* diferentes, sem repetição dos rostos[67].

Outra questão a ser enfrentada reside no momento de realização do procedimento. Por evidente, considerando que o tempo constitui um vetor de influência natural de deterioração da memória humana, quanto antes a coleta probatória for realizada, menor a probabilidade de afetação por essa resultante negativa.

A seu turno, considerando-se a estrutura da persecução penal brasileira, a coleta probatória deve ser realizada na etapa de investigação criminal, ainda em sede de polícia judiciária. Nas hipóteses de prisão em flagrante delito, considerando o ínfimo lapso temporal entre o evento criminoso e a captura do suspeito, o procedimento de reconhecimento pode ser simplificado.

Por fim, a capacitação dos responsáveis pela execução dos procedimentos de reconhecimento, em especial policiais, é, sem dúvida, uma questão de suma importância, com vistas não só a

---

66 WIXTED, John; WELLS, Gary. *The relationship between eyewitness confidence and identification accuracy: A new synthesis*. Psychological Science in the Public Interest, 2017.
67 HOBSON, Zoe; WILCOCK, Rachel. *Eyewitness identification of multiple perpetrators*. International Journal of Police Science & Management, 2011.

reduzir eventuais vieses cognitivos ou comportamentos indutivos, mas também como meio de qualificar a coleta probatória.

Em algumas hipóteses, pode-se utilizar a técnica de duplo-cego. Ela consiste na criação de um *line up* pelo agente responsável pela investigação, o qual, no momento de execução do procedimento, cede lugar a outro, que, desconhecendo a posição do suspeito, conduzirá a operacionalização do reconhecimento com a testemunha.

Em relação às condutas de execução do ato de reconhecimento, deve-se ter atenção ao profissional que realizará a coleta probatória, às instruções fornecidas à testemunha e ao modo de registro do meio de prova.

O profissional responsável pela execução do procedimento deve ser previamente habilitado, detendo os conhecimentos teórico-práticos que incidem nessa modalidade de produção de provas dependentes da memória. Em certas ocasiões, recomenda-se o uso da técnica de duplo-cego, a fim de se evitarem interferências inadvertidas ou sugestionabilidade[68].

No que se refere à instrução da testemunha, vale ater-se aos mesmos pilares do *rapport* (estabilizar, engajar, explicar), na medida em que se deve sempre procurar a redução do nível de tensão da testemunha e conscientizá-la de sua importância na obtenção da prova.

Dessa forma, cabe ao agente responsável explicar todas as etapas do procedimento, reforçando-se que a ela será exibida uma série de indivíduos ou de fotografias de rostos, entre os quais o suspeito pode ou não estar presente.

---

[68] VALENTINE, Tim; FITZGERALD, Ryan. *Identifying the culprit: An international perspective on the National Academy of Sciences report on eyewitness identification evidence*. Applied Cognitive Psychology, 2016.

Torna-se imperioso sempre expor à testemunha que é ela quem detém, em seu registro de memória, o conhecimento acerca do evento criminoso, tendo a possibilidade de reconhecer o suspeito, o qual, por sua vez, não necessariamente estará presente dentre os indivíduos ou fotografias alinhados[69].

Em última instância, o registro da coleta probatória há de ser realizado por sistema de gravação em áudio e vídeo, prestigiando-se a modalidade originária da produção das provas dependentes da memória.

A transmudação do registro originário da evidência oral para a mera documentação em linguagem escrita impede que a prova seja armazenada de maneira adequada, obstando-se as chances de observações futuras pelos demais atores nas etapas procedimentais subsequentes.

Prosseguindo, outra questão que merece ser pontuada centra-se na falsa percepção de que o reconhecimento fotográfico tem valor reduzido quando comparado ao reconhecimento pessoal.

Consoante já mencionado, é comum na prática investigativa que, uma vez realizado o procedimento de reconhecimento fotográfico, cumpre-se necessariamente proceder, em seguida, ao reconhecimento pessoal para fins de confirmação do suspeito. Desse modo, há de se registrar que não há qualquer distinção, no que tange à fiabilidade probatória, entre o alinhamento pessoal e o fotográfico.

Adite-se que, tendo em vista a tecnologia atual, bem como a celeridade para execução do procedimento, o reconhecimento

---

69 CUTLER, Brian. *Reform of Eyewitness Identification Procedures*. Washington, DC: American Psychological Association, 2013.

fotográfico, inclusive, torna-se, na prática, mais apropriado que a modalidade pessoal.

Conforme já explicado, o emprego de um alinhamento justo (seja ele pessoal ou por registro fotográfico) constitui o grande tópico diferencial da coleta probatória[70].

No cenário jurídico atual, andou bem a Resolução do Conselho Nacional de Justiça nº 484, de 19 de dezembro de 2022, cujo escopo trata das diretrizes para realização de reconhecimento de pessoas em procedimentos judiciais de alçada criminal.

Alguns pontos relacionados a um alinhamento justo e correto, com observância de regras de testagem (*fairness*), foram bem recepcionados pela citada normativa. O caráter irrepetível da prova (artigo 2º, § 1º), o registro por meio de gravação em sistema de áudio e vídeo (artigo 5º, § 1º), as etapas e instruções técnicas para realização do procedimento (artigos 5º, 6º e 7º) e a capacitação dos agentes (artigo 12) formam um conjunto de aspectos importantes e abordados de forma acertada pela referida legislação.

Sem dúvidas, um passo muito importante. Porém a implementação prática das novas metodologias ainda carece de transpor algumas barreiras. É cediço que a memória humana, não obstante sua elevada potência e flexibilidade, é também falível. Por isso, quando estamos diante da memória como fonte de uma evidência criminal, cujo impacto tem alto poder no resultado do processo, deve-se, sobretudo, buscar rever práticas profissionais ultrapassadas e repletas de erros procedimentais.

---

70 Avanços científicos em Psicologia do Testemunho aplicados ao Reconhecimento Pessoal e aos Depoimentos Forenses. Ministério da Justiça, Secretaria de Assuntos Legislativos. Brasília : Ministério da Justiça, Secretaria de Assuntos Legislativos (SAL); Ipea, 2015.

A substituição de métodos arcaicos por protocolos de coleta probatória baseados em evidências científicas constitui uma via obrigatória para a observância da cadeia de custódia das provas dependentes da memória, bem como para o real alcance do devido processo legal constitucional.

A adoção de critérios cientificamente orientados tem o condão de elevar a confiabilidade da prova dependente da memória, alçando o reconhecimento de pessoas ou o reconhecimento fotográfico a um dos mais relevantes meios de obtenção de vestígios criminais no âmbito do Direito Probatório.

REFERÊNCIAS

ABBE, Alison; BRANDON, Susan. The Role of Rapport in Investigative Interviewing: A Review. **Journal of Investigative Psychology and Offender Profiling**, 2012.

ALISON, L. J. *et al*. **ORBIT: The Science of Rapport-Based Interviewing for Law Enforcement, Security, and Military**. USA: Oxford University Press, 2021.

ALISON, L. J.; ALISON, E.; NOONE, G.; ELNTIB, S.; CHRISTIANSEN, P. Why tough tactics fail, and rapport gets results: Observing rapport-based interpersonal techniques (ORBIT) to generate useful information from terrorists. **Psychology, Public Policy and Law**, v. 19, n. 4, p. 411-431, 2013.

AVANÇOS científicos em Psicologia do Testemunho aplicados ao Reconhecimento Pessoal e aos Depoimentos Forenses. Ministério da Justiça, Secretaria de Assuntos Legislativos. Brasília: **Ministério da Justiça**, Secretaria de Assuntos Legislativos (SAL); Ipea, 2015.

BADDELEY, A. **A memória autobiográfica**. Memória. Porto Alegre: Artmed, 2011.

BADDELEY, A. **Essentials of human memory**. London: Psychology Press, 2013.

BARGH, J. **O cérebro intuitivo: os processos inconscientes que nos levam a fazer o que fazemos**. Tradução: Paulo Geiger. Rio de Janeiro: Objetiva, 2020.

BARON, J. **Thinking and Deciding**. Cambridge: Cambridge University Press, 2008.

BERNSTEIN, D.; LOFTUS, E. How to tell if a particular memory is true or false. **Perspectives on Psychological Science**, v. 4, n. 3, p. 370-374, 2009.

BOND, C.; DEPAULO, B. Accuracy of deception judgments. **Personality and Social Psychology Review**, v. 10, n. 3, p. 214-234, 2006.

BOWER, G. A multicomponent theory of memory trace. In: SPENCE, K. W.; SPENCE, J. T. (eds.). **The Psychology of learning and motivation** (vol. 1). New York: Academic Press, 1967.

BRAINERD, C.; REYNA, V. Fuzzy-trace theory and false memory. **Current directions in psychological sciences**, v. 11, n. 5, p. 164-169, 2002.

BRASIL. **Lei nº 13.431, de 4 de abril de 2017**. Estabelece o sistema de garantia de direitos da criança e do adolescente vítima ou testemunha de violência e altera a Lei nº 8.069, de 13 de julho de 1990 (Estatuto da Criança e do Adolescente). Disponível em: https://www.planalto.gov.br/ccivil_03/_ato2015-2018/2017/lei/l13431.htm. Acesso em: 27 nov. 2024.

BULL, R.; BLANDÓN-GITLIN, I. **The Routledge International Handbook of Legal and Investigative Psychology**. UK: Routledge, 2019.

CARSON, D.; BULL, R. **Handbook of psychology in legal contexts**. Nova Jersey: Wiley, 2003.

CARVALHO, H. F. de; COLLARES-BUZATO, C. B. **Células: Uma abordagem multidisciplinar**. São Paulo: Manole, 2005.

CECCONELLO, W. W. ; STEIN, L. **Manual de entrevista investigativa para a polícia judiciária**. Goiânia: Alta Performance, 2023.

CECCONELLO, W. W.; BERNARDES, M.; STEIN, L. Existe o efeito Pinóquio na Detecção de Mentiras? In: SAMPAIO, D. (org.). **Manual do Tribunal do Júri: a reserva democrática da justiça brasileira**. Florianópolis: Emais Editora, 2010.

CECCONELLO, W. W.; DE ÁVILA, G. N.; STEIN, L. A (ir)repetibilidade da prova penal dependente da memória: uma discussão a partir da Psicologia do Testemunho. **Revista Brasileira de Políticas Públicas**, v. 8, n. 1, 2018.

CECCONELLO, W.; STEIN, L. Prevenindo injustiças epistêmicas: como a psicologia do testemunho pode ajudar a prevenir o falso reconhecimento de suspeitos. **Avances en Psicología Latinoamericana**, v. 38, n. 1, p. 118-131, 2020.

CHAN, J.; THOMAS, A.; BULEVICH, J. Recalling a witnessed event increases eyewitness suggestibility: the reversed testing effect. **Psychological Science**, v. 20, n. 11, p. 1379-1385, 2009.

CLARK, S. Costs and benefits of eyewitness identification reform: Psychological science and public policy. **Perspectives on Psychological Science**, v. 7, n. 3, p. 238-259, 2012.

CLARK, S.; GODFREY, R. Eyewitness identification evidence and innocence risk. **Psychonomic Bulletin & Review**, v. 16, n. 3, p. 428-441, 2009.

CNJ. **Resolução nº 484, de 19 de dezembro de 2022**. Estabelece diretrizes para a realização do reconhecimento de pessoas em procedimentos e processos criminais e sua avaliação no âmbito do Poder Judiciário. Disponível em: https://atos.cnj.jus.br/files/original-12118372022122763ab612da6997.pdf. Acesso em: 27 nov. 2024.

COSTA, P. E. A. **Comportamento verbal e não verbal de mentir e a detecção de mentiras**. 2019. Dissertação (Mestrado em Análise do Comportamento) - Universidade Estadual de Londrina, Londrina, 2019.

CUTLER, B. **Reform of Eyewitness Identification Procedures**. Washington, DC: American Psychological Association, 2013.

DAVIES, G.; BEECH, A. **Forensic Psychology: Crime, Justice, Law, Interventions**. Reino Unido: BPS Blackwell, 2012.

DEFFENBACHER, K. et al. A meta-analytic review of the effects of high stress on eyewitness memory. **Law and Human Behavior**, v. 28, n. 6, p. 687-706, 2004.

DE PAULO, B. M. et al. Cues to deception. **Psychological Bulletin**, v. 129, n. 1, p. 74-118, 2003.

DNA Exonerations in the United States (1989 – 2020) - Innocence Project. Disponível em: https://innocenceproject.org/dna-exonerations-in-the-united-states/. Acesso em: 27 nov. 2024.

DOHERTY-SNEDDON, G.; PHELPS, F. Gaze aversion: A response to cognitive or social difficulty? **Memory & Cognition**, v. 33, n. 4, p. 727-733, 2005.

EARLES, J. L. et al. Memory for positive, negative and neutral events in younger and older adults: Does emotion influence binding in event memory? **Cognition and Emotion**, v. 26, n. 8, p. 1403-1413, 2015.

EISEN, M. L. et al. "I think he had a tattoo on his neck": how co-witness discussions about a perpetrator's description can affect eyewitness identification decisions. **Journal of Applied Research in Memory and Cognition**, v. 6, n. 4, p. 574-585, 2017.

EKMAN, P. Lie catching and microexpressions. In: EKMAN, P. (ed.). **The Philosophy of Deception**. London: Oxford University Press, 2009.

EKMAN, P. **Telling lies: Clues to deceit in the marketplace, politics and marriage**. New York: W.W. Norton, 1992.

EPSTEIN, L.; LANDES, W. M.; POSNER, R. A. **The Behavior of Federal Judges: a theoretical and empirical study of rational choice**. Cambridge: Harvard University Press, 2013.

FAWCETT, J.; RUSSELL, E.; PEACE, K.; CHRISTIE, J. Of guns and geese: a meta-analytic review of the "weapon focus" literature. **Psychology, Crime & Law**, v. 19, n. 1, p. 23-40, 2013.

FERREIRA, B. **Psicologia do Testemunho: Nos trilhos da mentira em busca da verdade**. 2016. Dissertação (Mestrado em Psicologia Forense e da Exclusão Social) - Universidade Lusófona de Humanidades e Tecnologias, Lisboa, 2016.

FISHER, R.; GEISELMAN, E. **Memory enhancing techniques for investigative interviewing: The cognitive interview**. Illinois: Charles C Thomas Publisher, 1992.

FUSTER, J. Arquitetura da rede. **Viver mente e cérebro**, n. 137, p. 14-19, 2006.

GASCÓN ABELLÁN, M. **Cuestiones probatorias**. Bogotá: Universidad Externado, 2012.

GILBERT, J.; FISHER, R. The effects of varied retrieval cues on reminiscence in eyewitness memory. **Applied Cognitive Psychology**, v. 20, n. 6, p. 783-805, 2006.

GONZÁLEZ BUSTAMANTE, J. J. **Principios de Derecho Procesal Penal Mexicano**. México: Editora Porrúa, 1971.

GORPHE, F. **La crítica del testimonio**. 2. ed. Trad. Mariano Ruiz-Funes. Madrid: Instituto Editorial Reus, 1949.

GUDJONSSON, G. H. **The Psychology of Interrogations and Confessions: A Handbook**. Hoboken, NJ: John Wiley & Sons, 2003.

HASELTON, M.; NETTLE, D.; MURRAY, D. The Evolution of Cognitive Bias. In: BUSS, D. M. (org.). **The Handbook of Evolutionary Psychology**. New Jersey: Wiley, 2016. p. 104-141.

HEATON-ARMSTRONG, A. *et al*. **Witness testimony: Psychological, investigative and evidential perspectives**. New York: Oxford University Press, 2006.

HENDERSON, J. M. Introduction of real-world scene perception. **Visual Cognition**, v. 12, n. 6, p. 1123-1127, 2005.

HOBSON, Z.; WILCOCK, R. Eyewitness identification of multiple perpetrators. **International Journal of Police Science & Management**, v. 13, n. 3, p. 179-191, 2011.

HORVATH, A.; DEL RE, A.; FLÜCKIGER, C.; SYMONDS, D. Alliance in individual psychotherapy. **Psychotherapy**, v. 48, n. 1, p. 36-46, 2011.

HOUSTON, K. A. *et al*. The emotional eyewitness: The effects of emotion on specific aspects of eyewitness recall and recognition performance. **Emotion**, v. 13, n. 5, p. 878-886, 2013.

IACONO, William; BEN-SHAKHAR, Gershon. Current *status* of forensic lie detection with the comparison question technique: An update of the 2003 National Academy of Sciences report on polygraph testing. Law and Human Behavior (2019).

INBAU, Fred; REID, John; BUCKLEY, Joseph; JAYNE, Bryan. **Criminal Interrogation and Confessions**. Massachusetts: Jones & Bartlett Publishers, 2011.

INNOCENCE PROJECT. **John Jerome White**. Disponível em: https://innocenceproject.org/john-jerome-white-cleared-by-dna-in-atlanta/. Acesso em: 25 de julho de 2023.

INTRAUB, Helene. **Rethinking visual scene perception**. Wiley Interdisciplinary Reviews: Cognitive Science, 2012.

IZQUIERDO, Iván. **Memória**. Porto Alegre: Artmed, 2006.

JORDAN, Sara; BRIMBAL, Laure; WALLACE, Brian; KASSIN, Saul; HARTWIG, Maria; STREET, Chris. **A test of the micro-expressions training tool: Does it improve lie detection?** Journal of Investigative Psychology and Offender Profiling, 2019.

KANDEL, Eric. **Em busca da memória**. São Paulo: Companhia das Letras, 2009.

KEBBEL, Mark et al. **The influence of belief that a car crashed on witnesses estimates of civilian and police car speed**. The Journal of Psychology: Interdisciplinary and Applied, 2002.

KING, Donald; JONES, Farracha; PEARLMAN, Ronald; TISHMAN, Abraham; FELIX, Cassandra. **The length of the retention interval, forgetting, and subjective similarity**. Journal of Experimental Psychology: Learning, Memory and Cognition, 2002.

KUHBANDNER, Christof et al. **Differential binding of colors to objects in memory: red and yellow sticks better than blue or green**. Frontiers in Psychology, 2015.

LAMB, Michael; ORBACH, Yael; HERSHKOWITZ, Irit; ESPLIN, Phillip; HOROWITZ, Dvora. **A structured forensic interview protocol improves the quality and inforof investigative interviews with children: A review of research using the NICHD Investigative Interview Protocol**. Child abuse & neglect, 2007

LENT, R. **Cem bilhões de neurônios? Conceitos fundamentais de neurociência**. São Paulo: Atheneu, 2010.

LENT, Roberto. **Neurociência**. Da mente e do comportamento. Rio de Janeiro: Guanabara Koogan, 2008.

LINDSAY, Roderick et al. **How variations in distance affect eyewitness reports and identification accuracy**. Law Human Behavior, 2008.

LINO, Denis Victor; BERNARDES, Mônica; CECCONELLO, William Weber; DOS SANTOS, Natália Sierota. **O Rapport como técnica para obtenção de informações em Entrevistas Investigativas**. Revista Brasileira de Segurança Pública, 2023.

LOFTUS, Elizabeth F. **Creating false memories**. Scientific American, v. 277: 1997.

MALPASS, Roy; LINDSAY, Rod. **Measuring lineup fairness**. Applied Cognitive Psychology, 1999.

MANN, Samantha; VRIJ, Aldert; BULL, Ray. **Detecting True Lies: Police Officers' Ability to Detect Suspects' Lies**. Journal of Applied Psychology, 2004.

MAZZONI, Giuliana. Crimes, testemunhos e falsas recordações. **Revista Viver Mente e Cérebro**, São Paulo: Duetto, 2005.

MEISSNER, Christian; BRIGHAM, John. Thirty years of investigating the own-race bias in memory for faces: A meta-analytic review. **Psychology, Public Policy, and Law**, 2001.

MEISSNER, Christian; SPORER, Siegfried; SUSA, Kyle. A theoretical and meta-analytic review of the relationship between verbal descriptions and identification accuracy in memory for faces. **European Journal of Cognitive Psychology**, 2008.

MEMON, Amina et al. Exposure duration: effects on eyewitness accuracy and confidence. **British Journal of Psychology**, 2003.

MEMON, Almina; VRIJ, Aldert; BULL, Ray. **Psychology and Law: Truthfulness, Accuracy and Credibility**. Hoboken, New Jersey: John Wiley & Sons, 2003.

MERCIER, Hugo; SPERBER, Dan. **The Enigma of Reason**. Massachusetts: Harvard University Press, 2017.

MILNE, Rebecca; BULL, Ray. **Investigative interviewing: psychology and practice**. Chichester: Wiley, 1999.

MILNE, Rebecca; NUNAN, Jordan; HOPE, Lorraine; HODGKINS, Jemma; CLARKE, Colin. From Verbal Account to Written Evidence: Do Written Statements Generated by Officers Accurately Represent What Witnesses Say? **Front Psychol**, 2022.

MILNE, Rebecca; SHAW, Gary; BULL, Ray. **Investigative interviewing: The role of research. Applying psychology to criminal justice**. New Jersey: John Wiley & Sons, 2007.

MOSCATELLI, Lívia Yuen Ngan. Considerações sobre a confissão e o método Reid aplicado na investigação criminal. **Revista Brasileira de Direito Processual Penal**, 2020.

MURPHY, Gillian; GREENE, Ciara. Perceptual load affects eyewitness accuracy and susceptibility to leading questions. **Frontiers in Psychology**, 2016.

MYERS, David. **Psicologia**. São Paulo: LTC, 2012.

OLIVA, Aude. **Gist of the scene**. San Diego: Elsevier, 2005.

OSBORNE, Danny; DAVIES, Paul. Crime type, perceived stereotypicality, and memory biases: A contextual model of eyewitness identification. **Applied Cognitive Psychology**, 2014.

PATERSON, Helen; KEMP, Richard. Co-witnesses talk: A survey of eyewitness discussion. **Psychology, Crime & Law**, 2006.

PAULO, Rui; ALBUQUERQUE, Paulo Barbas; BULL, Ray. A Entrevista Cognitiva Melhorada: Pressupostos teóricos, investigação e aplicação. **Psicologia**, v. 28, 2014.

PICKEL, Kerri. The weapon focus effect on memory on females or male perpetrators. **Memory**, 2009.

PLATT, Michael. Neural correlates of Decision-Making. In: BETTER THAN CONSCIOUS? DECISION MAKING, THE HUMAN MIND, AND IMPLICATIONS FOR INSTITUTIONS. Cambridge, Massachusetts: MIT Press, 2008.

PORTER, Stephen; TEN BRINKE, Leanne. The truth about lies: What works in detecting high-stakes deception? **Legal and Criminological Psychology**, v. 15, 2010.

POWELL, Martine; FISHER, Ronald; WRIGHT, Rebecca. **Investigative interviewing. Psychology and Law: An Empirical Perspective**. New York: Guilford Press, 2005.

PRADO, Geraldo. **A cadeia de custódia da prova no processo penal**. São Paulo: Marcial Pons, 2019.

PRINCIPLES on Effective Interviewing for Investigations and Information Gathering. Maio de 2021. Disponível em: <www.interviewingprinciples.com>. Acesso em: 26 nov. 2024.

PURVES, Dale. **Neuroscience**. London: Oxford University Press, 2017.

QUEIRÓS, Cristina. A influência das emoções em contexto de julgamento ou de testemunho. In: POIARES, Carlos Alberto. **Manual de Psicologia Forense e da Exclusão Social: rotas de investigação e de intervenção**. Lisboa: Edições Universitárias Lusófonas, 2012.

RAMOS, Vítor de Paula. **Prova testemunhal: do subjetivismo ao objetivismo, do isolamento científico ao diálogo com a psicologia e a epistemologia**. Salvador: Juspodivm, 2021.

RANGEL, Carlos Eduardo. **Poder punitivo, democracia e polícia judiciária: reflexões contemporâneas sobre a atividade de investigação criminal**. Rio de Janeiro: Freitas Bastos, 2020.

RENSINK, Ronald. **Scene perception**. New York: Oxford, 2000.

RIO DE JANEIRO [Estado]. **Relatório sobre Reconhecimento Fotográfico em sede policial**. Defensoria Pública do Estado do Rio de Janeiro. Disponível em: https://www.defensoria.rj.def.br/uploads/arquivos/54f8edabb6d0456698a068a65053420c.pdf. Acesso em: 27 nov. 2024.

ROEDIGER, Henry; KARPICKE, Jeffrey. Test-enhanced learning taking memory tests improves long-term retention. **Psychological Science**, 2006.

ROGERS, Kara. **The eye: the physiology of human perception**. New York: Britannica Educational Publishing, 2011.

RUBIN, David C. Vivid memories. **Cognition**, 1984.

SCOBORIA, Alan et al. A mega-analysis of memory reports from eight peer-reviewed false memory implantation studies. **Memory**, v. 25, 2017.

SHEPHERD, Eric; GRIFFITHS, Andy. **Investigative interviewing: The conversation management approach**. London: Oxford University Press, 2021.

SÖJBERG, Mattias. The show up identification procedure: a literature review. **Open Journal of Social Sciences**, 2016.

SQUIRE, Larry; KANDEL, Eric. **Memória: da mente às moléculas**. Porto Alegre: Editora Artmed, 2003.

STEBLAY, Nancy; DOUGLASS, Amy. Memory distortion in eyewitnesses: A meta-analysis of the post-identification feedback effect. **Applied Cognitive Psychology**, 2006.

STEBLAY, Nancy; DYSART, Jennifer. Repeated eyewitness identification procedures with the same suspect. **Journal of Applied Research in Memory and Cognition**, 2016.

STEIN, Lilian M. **Falsas memórias: fundamentos científicos e suas aplicações clínicas e jurídicas**. Porto Alegre: Artmed, 2010.

STEIN, Lilian; PERGHER, Giovanni. Criando falsas memórias em adultos por meio de palavras associadas. In: **Psicologia: Reflexão e Crítica**, 2001.

STJ. **Súmula nº 435**. Direito Tributário – Execução Fiscal. Presume-se dissolvida irregularmente a empresa que deixar de funcionar no seu domicílio fiscal, sem comunicação aos órgãos competentes, legitimando o redirecionamento da execução fiscal para o sócio-gerente. Disponível em: https://scon.stj.jus.br/SCON/sumanot/toc.jsp?livre=%28sumula%20adj1%20%27435%27%29. Acesso em: 27 nov. 2024.

STRAPASSON, Bruno Angelo; ARAÚJO, Saulo de Freitas. **O behaviorismo clássico**. São Paulo: Hogrefe, 2021.

TICKLE-DEGNEN, Linda; ROSENTHAL, Robert. The nature of rapport and its nonverbal correlates. **Psychol Inquiry**, 1990.

TOGLIA, Michael et al. **The handbook of eyewitness psychology**. London: LEA, 2007.

VALENTINE, Tim; FITZGERALD, Ryan. Identifying the culprit: An international perspective on the National Academy of Sciences report on eyewitness identification evidence. **Applied Cognitive Psychology**, 2016.

VALENTINE, Tim; LEWIS, Michael; HILLS, Peter. Face-space: A unifying concept in face recognition research. **The Quarterly Journal of Experimental Psychology**, 2016.

VRIJ, Aldert. **Detecting lies and deceit**. Chichester, England: Wiley, 2000.

VRIJ, Aldert. Baselining as a Lie Detection Method. **Applied Cognitive Psychology**, 2016.

WALSH, David; OXBURGH, Gavin; REDLICH, Allison; MYKLEBUST, Trond. **International Developments and Practices in Investigative Interviewing and Interrogation: Volume 2: Suspects**. United Kingdom: Routledge Frontiers of Criminal Justice, 2015.

WELLS, Gary. Applied eyewitness-testimony research: System variables and estimator variables. **Journal of Personality and Social Psychology**, 1978.

WELLS, Gary; MEMON, Amina; PENROD, Steven. Eyewitness evidence. **Psychological Science in the Public Interest**, 2006.

WESTPHALEN, Cristina Andersson. **A aplicação da entrevista cognitiva na investigação criminal**. Rio Grande do Sul: Centro Cultural de Formação PROJECTO, 2011.

WILLIAMSON, Tom; BULL, Ray; VALENTINE, Tim. **Handbook of psychology of investigative interviewing: Current developments and future directions**. Chichester: Wiley-Blackwell, 2009.

WISEMAN, Richard; WATT, Caroline; TEN BRINKE, Leanne; PORTER, Stephen; COUPER, Sara Louise; RANKIN, Calum. **The Eyes Don't Have It: Lie Detection and Neuro-Linguistic Programming**. Germany: University of Muenster, 2012.

WIXTED, John; WELLS, Gary. The relationship between eyewitness confidence and identification accuracy: A new synthesis. **Psychological Science in the Public Interest**, 2017.